中外文稀有版本文献

《家庭、私有制和国家的起源》

⑥

家庭、私有制和国家的起源

[德]弗里德里希·恩格斯◎著
谢唯真◎校订

中央编译出版社
Central Compilation & Translation Press

《家庭、私有制和国家的起源》的出版与传播

（代序）

一　国外主要版本和传播情况

恩格斯的《家庭、私有制和国家的起源》（简称《起源》）先后出了六版，其中第二版和第三版是第一版的翻印，第五版和第六版是第四版的翻印。因此，在这里将着重介绍第一版和第四版的出版与传播情况。

（一）《起源》第一版的出版与传播

1.《起源》第一版的出版

1884年10月初，《起源》在瑞士苏黎世问世，署名弗里德里希·恩格斯，著者为第一版写了序言。《起源》之所以在瑞士苏黎世出版，而不是在德国出版，是因为当时德国正值反社会党人法时期，而《起源》又并非是一部单纯的学术著作，而是指导无产阶级革命的理论武器，因此在这样的背景下，如在德国出版《起源》，则很难不被查禁。关于这一点，恩格斯早在1884年4月26日给考茨基的信中写道：“关于**专偶制**那一章，以及关于私有制是阶级矛盾的根源和破坏古代公社的杠杆的那最后一章，我根本**不可能**写得适合反社会党人法的要求。”因此，“写得好，就一定被查禁；写得坏，就会得到许可。可是按后一种

做法，我办不到”[①]。正是在这种背景下，《起源》第一版在瑞士出版。

2.《起源》第一版的传播

在《起源》写作过程中以及第一版出版后，纷纷有译者与恩格斯联系希望能够翻译《起源》，其中涉及意大利文译本、波兰文译本、罗马尼亚文译本、丹麦文译本、法文译本、英文译本和俄文译本等。

关于意大利文译本，意大利社会主义者帕斯夸勒·马尔提涅蒂曾经在1884年11月18日致信恩格斯，询问可否将他的两部著作——《起源》（马尔提涅蒂当时正在翻译这部著作）和《德国农民战争》合成一本书出版。[②] 针对马尔提涅蒂的提议，恩格斯回信表示：“该书的题材和《起源》一书的题材毫无共同之处。因此……后一著作单独出版好，至于出版的方法，我完全听从您的决定。”[③] 1885年4月11日前，马尔提涅蒂完成了《起源》的翻译工作，并将译稿寄给恩格斯。恩格斯在收到译稿后，于4月11日回信并对已读部分给予高度评价，恩格斯说：“我给您写这几行字，仅仅是为了告诉您译稿[④]已经收到并且正在校阅。希望过十天半个月后，能将译稿连同我的意见和建议一起寄还。就我至今已经读了的那部分来看，我认为译得很好。”[⑤] 由于在同一时间内，恩格斯还收到了一份《起源》的丹麦文译稿，同时恩格斯还要校阅《资本论》的英文译稿，因此直到1885年5月19日，恩格斯才将《起源》意大利文译稿校阅完并寄出。恩格斯在1885年5月19日致马尔提涅蒂的信中说：“译稿和我的意见一并用挂号寄上。很遗憾，我没有很好掌握意大利文，不能更好地表述这些意见；我还是希望这些意见您都能懂得。使我惊奇的是，您从未在德国生活过，也没有在德国研究过语言，却那么好地转达了我的思想。我只发现有几个略语、俗语和成语译

① 《马克思恩格斯文集》第10卷，北京：人民出版社2009年版，第515—516页。

② 参见《马克思恩格斯全集》第36卷，北京：人民出版社1974年版，第754—755页，注释265。

③ 参见《马克思恩格斯全集》第36卷，北京：人民出版社1974年版，第263页。

④ 恩格斯《家庭、私有制和国家的起源》一书的意大利文译稿。——原编者注

⑤ 《马克思恩格斯全集》第36卷，北京：人民出版社1974年版，第293页。

错了；这些话对于一个不知道该国日常用语以至方言的人，是不能很好领会的，这些话无论在语法书上或词典里都是没有的。许多地方，只要您很好地领会了意思，我认为您可以译得更灵活、更大胆些。我担心，关于‘马尔克’的那条注释不够明确。我认为应该刊印的只有这一条注释。其余的只是让您知道一下就行了。如您对这条注释发生什么怀疑，请告诉我，我打算改写。请原谅，校阅拖了很久。白天我忙于口授马克思的手稿，晚上也不总是有空的：在同一时间内，有人寄来了一份丹麦文译稿①要我校阅，更不要说《资本论》② 的英文译稿了。”③ 1885年5月29日，意大利文版的《起源》已经在印刷中，恩格斯在给劳拉·拉法格的信中谈到了他对《起源》意大利文版的评价，即“译者做了他所能做的一切，某些地方确实译得很好。但是，不能期待一个在贝内万托自学德语的人，能把德国成语译成相应的意大利成语。我又不能改正这种缺点，因为我的意大利成语，不是意大利的，只是米兰的，而且这也差不多忘光了”④。1885年6月13日，意大利文版的《起源》应该已经出版，因此恩格斯致信马尔提涅蒂表示“请费神把您的译作寄六本给我——这就足够了”⑤。

关于波兰文译本，1884年8月12日，波兰社会党人、政论家玛丽亚·杨科夫斯卡娅-门德尔森（斯·列奥诺维奇）致信恩格斯，请求恩格斯允许将他的著作《起源》用波兰文发表。⑥ 为此，恩格斯于1884年8月中旬回信表示同意，但鉴于德国当时实行反社会党人法的恶劣氛围，所以希望波兰文版一定要在德文版之后出版。恩格斯在回信中说：“同意。——我不得不向您提出的唯一的、但必须遵守的条件是：在全书用德文出版以前，您什么也不要用波兰文发表。在德国，此书将立即

① 弗·恩格斯《家庭、私有制和国家的起源》一书的丹麦文译稿。——原编者注
② 第一卷。——原编者注
③《马克思恩格斯全集》第36卷，北京：人民出版社1974年版，第315—316页。
④《马克思恩格斯全集》第36卷，北京：人民出版社1974年版，第318页。
⑤《马克思恩格斯全集》第36卷，北京：人民出版社1974年版，第323页。
⑥《马克思恩格斯全集》第36卷，北京：人民出版社1974年版，第746页，注释214。

被查禁，稍一不慎或过早透露，都会引起德国警方的注意，妨碍德文版的推销，甚至很可能使一大批书被没收。因此，收到此信，务请告知，并答应我：您一定履行这个遗憾的必要条件。”① 玛丽亚·杨科夫斯卡娅-门德尔森在接到恩格斯回信后，立即在8月20日致恩格斯的信中表示当天就着手翻译。但后来由于未可考证的原因，于1885年出版的波兰文本最终是由J.F.沃尔斯基翻译的。②

关于罗马尼亚文译本，恩格斯在1888年1月4日致罗马尼亚政论家、社会民主主义者若昂·纳杰日杰的信中有所谈及，他说：“卡·考茨基……转给我几期《社会评论》和《现代人》，在这几期杂志中除其他材料外，还有您翻译的我的几篇著作，其中有《家庭……的起源》。请允许我对您的劳动表示衷心的感谢，您盛情地承担了这项工作，使这些著作能为罗马尼亚读者所了解。”③ 据考证，罗马尼亚文的《家庭、私有制和国家的起源》载于《现代人》杂志1885年第17—21期，1886年第22—24期。④

关于丹麦文译本，丹麦社会民主党人，社会民主党左派领袖格尔桑·特利尔承担了这项翻译工作。恩格斯在1885年2月底3月初校订了丹麦文部分译稿，认为译得很不错。⑤ 1885年4月23日，恩格斯在致维拉·伊万诺夫娜·查苏利奇的信中表示仍在校阅《起源》的意大利文译文和丹麦文译文，并阐发了“校订译文有时决不是一件多余的和轻而易举的工作”⑥ 的感叹。在1889年5月7日致保尔·拉法格的信

① 《马克思恩格斯全集》第36卷，北京：人民出版社1974年版，第201页。

② 参见《马克思恩格斯文集》第4卷，北京：人民出版社2009年版，第573页，注释17；《实现亡友的遗愿——〈家庭、私有制和国家的起源〉（1884年霍廷根—苏黎世版）的写作和流传情况》，胡慧琴译，载《马克思恩格斯列宁斯大林研究》1996年第2辑，原载《马克思恩格斯全集》历史考证版第1部分第29卷。

③ 《马克思恩格斯全集》第37卷，北京：人民出版社1971年版，第3页。

④ 参见《马克思恩格斯全集》第37卷，北京：人民出版社1971年版，第533页，注释1。

⑤ 参见《马克思恩格斯全集》第36卷，北京：人民出版社1974年版，第285页。

⑥ 参见《马克思恩格斯全集》第36卷，北京：人民出版社1974年版，第300页。

中，恩格斯再次说明，“特利尔是我的《家庭的起源》一书的译者”[①]。《起源》的丹麦文译本于1888年出版。

此外，《起源》的塞尔维亚文译本也于19世纪80年代末出版。[②]

关于法文译本，恩格斯早在写作《起源》的过程中，就预料到保尔·拉法格会想将《起源》翻译成法文，但是由于担心保尔·拉法格在翻译时的严谨性，因此迟迟没有答应。恩格斯的预料和担心可以从他的书信中表现出来。1884年5月26日，恩格斯致信劳拉·拉法格说：“我预料，我的《家庭……的起源》出版后，保尔一定很想译它，因为那里面的东西正好是他所熟悉的；如果他要译的话，他必须把握住德文字的原意，而不要用他所喜欢赋予它们的意思，因为我根本不会有时间去加工。……我刚刚赶完的那本小册子，在一段时间内将是最后一本独立的著作。”[③] 1884年9月13—15日，恩格斯在致爱德华·伯恩施坦的信中谈及拉法格翻译《起源》一事时说道：“关于翻译我的小册子一事，你说得很好很对。但拉法格是**怎样**翻译的呢？他既不问自己的妻子，也不查词典，一切由他自己干，自作主张：这个德文词相当于那个法文词，而且还以赞赏自己杰作的心情把译稿寄给我。这样干，我自己也干得了。他当然希望马上担负起来，不过我们还得再看一看。”[④] 后来，保·拉法格又表示打算把恩格斯的《起源》一书由意大利文转译为法文，这个打算也没有得到恩格斯的同意。[⑤] 恩格斯在1885年5月29日致劳拉·拉法格的信中说明了他不同意的原因，即“意大利文版的《起源》也在印刷中。但是，你会立刻发现，不大可能从意大利文版译成法文。如果保尔只不过利用它来帮助理解原著，那是他的事情；不然的话，这只能使他搞出低劣的**复制本**和不好的改写本，而我根本不愿意拿出这样的本子给法国人看。译者做了他所能做的一切，某些地方

① 《马克思恩格斯全集》第37卷，北京：人民出版社1971年版，第189页。

② 《马克思恩格斯文集》第4卷，北京：人民出版社2009年版，第573页，注释17。

③ 《马克思恩格斯全集》第36卷，北京：人民出版社1974年版，第156页。

④ 《马克思恩格斯全集》第36卷，北京：人民出版社1974年版，第206页。

⑤ 《马克思恩格斯全集》第36卷，北京：人民出版社1974年版，第762页，注释316。

确实译得很好。但是，不能期待一个在贝内万托自学德语的人，能把德国成语译成相应的意大利成语。我又不能改正这种缺点，因为我的意大利成语，不是意大利的，只是米兰的，而且这也差不多忘光了”①。后来，福尔坦表示有兴趣将《起源》译成法文，并于1885年12月6日在致恩格斯的信中询问恩格斯，寄去一份试译稿。② 1886年1月29日，恩格斯在致弗里德里希·阿道夫·左尔格的信中表示，当时他正在校订“《家庭的起源》——法文译稿”③。恩格斯这里提到的《起源》的法文译稿也许就是福尔坦的试译稿。但最终这项计划没能实现。1893年发行的第一次印刷的法译本是以《起源》的1891年第四版为依据的。④

关于英文译本，英国社会主义者、作家、政论家、马克思女儿爱琳娜的丈夫爱德华·艾威林博士和美国社会主义者弗洛伦斯·凯利-威士涅威茨基夫人都希望能够翻译。从恩格斯的相关书信来看，综合考虑《起源》翻译的难度、英美书报销售业的条件、美国工人运动的发展阶段及美国工人的需要、恩格斯著作的整体英译本情况等，恩格斯更倾向于由艾威林博士来翻译并在伦敦出版《起源》。恩格斯在1886年8月13—14日致弗洛伦斯·凯利-威士涅威茨基夫人的信中说：“现在谈谈《起源》。这本东西比《状况》难译得多，每一页也许都要您付出较多的精力和时间。不过，如果我有时间校阅译文的话，这一点倒不会成为障碍，但您得付出必要的时间和精力，同时页边留宽一些，以便修改。这里还要注意一个情况。既然这本东西要用英文出版，那就应该在出版后使读者在普通的书店里就能买到。我估计《状况》就不会是这样。只要美国书报销售业条件同欧洲没有多大区别，书商就不会出售同他们

---

① 《马克思恩格斯全集》第36卷，北京：人民出版社1974年版，第318页。

② 《实现亡友的遗愿——〈家庭、私有制和国家的起源〉（1884年霍廷根—苏黎世版）的写作和流传情况》，胡慧琴译，载《马克思恩格斯列宁斯大林研究》1996年第2辑。原载《马克思恩格斯全集》历史考证版第1部分第29卷。

③ 《马克思恩格斯全集》第36卷，北京：人民出版社1974年版，第421页。

④ 参见《实现亡友的遗愿——〈家庭、私有制和国家的起源〉（1884年霍廷根—苏黎世版）的写作和流传情况》，胡慧琴译，载《马克思恩格斯列宁斯大林研究》1996年第2辑。原载《马克思恩格斯全集》历史考证版第1部分第29卷。

没有联系的工人政党的机构出版的东西。正因为此，宪章派和欧文派的出版物任何地方也没有保存下来，任何地方都无法找到，**甚至英国博物馆**都没有；正因为如此，我们德国党的所有书刊在书店里也买不到（早在反社会党人法以前很久就是这样），在党外，读者始终不知道这些书刊。有时候这种情况是无法预防的，但应该尽量避免。四十多年来，我在德国吃过这个苦头，现在我想使我的著作的英译本避免这种情况，这一点您是不会责备我的。英国的情况是：现在或者最近将来能为社会主义著作找到出版者，我不怀疑，明年我在这里能够出版英译本，并使译者得到稿费；此外，因为我早已答应艾威林博士翻译《发展》和《起源》（只要他**自己**能为自己的劳动搞到报酬的话），所以，要知道，美国版不由普通出版社出版，只会减少伦敦版由普通出版社出版并使读者到处都能买到的机会。此外，我并不认为，美国工人目前非需要这本书不可。《资本论》今年年底以前他们就可以买到，对他们来说这是最主要的。我的小册子作为通俗读物为实际宣传的目的服务，未必合适。在目前运动还不发展的阶段，我认为某些法国通俗著作倒是更合适些。……现在再来谈谈《起源》。我不想说，我已经无条件答应艾威林翻译这本东西，但是，如果译本要在**伦敦**出版的话，我认为我必须请他翻译。所以，最后如何处理，这在很大程度上要看您在美国出版这本东西的条件而定。……您自己知道，不仅这一本书，而且可能还有其他许多著作，我都有可能找一家资产阶级商业界中有名的出版社来出英文版，而且这样做有一个好处，就是翻译工作可以在这里进行（这会节省我很多时间），因此，在同意在美国单出版这一本小册子从而破坏整个事情以前，我得好好考虑考虑。同时，在目前美国反社会主义者的恐怖情况下，我怀疑您能找到一个愿意把自己的名字同社会主义著作联系在一起的职业出版者。……现在您可以相信，还要过一些时候美国工人**群众**才会开始**阅读**社会主义书刊。那些**已经在**阅读和将要阅读的人，可以找到足够的材料，他们最不会感到缺少《起源》这本书。盎格鲁撒克逊人的头脑，特别是在美国经过了一番非常讲究实际的发展，一点也不重视理论，除非是迫切的需要促使他们去接受理论，所以我的最大指望就是，我们的朋友们从自身错误的后果中得到的教训，会教育他们去钻研理论。”[①] 艾威林译的《家庭、私有制和国家的起源》一书在恩格斯在世时没有翻译出来。[②]

此外，恩格斯在1884年10月15日致卡尔·考茨基的信中还提道：“《起源》一书除要译成波兰文外，维·查苏利奇提出要译成俄文。”[③] 但从后来的结果看，该计划没有成行，《起源》的俄文译本后是根据1891年第四版译出的。

综上所述，《起源》1884年霍廷根—苏黎世版出版后，分别出版了意大利文译本、波兰文译本、罗马尼亚文译本、丹麦文译本和塞尔维亚文译本，其中意大利文译本和丹麦文译本是由恩格斯亲自审定的。除此之外，《起源》的法文译本、英文译本和俄文译本也都在商谈之中，但由于种种原因，未能翻译出版。

（二）《起源》第四版的出版与传播

1.《起源》第四版对第一版的修订与补充

自《起源》初版问世至1891年的7年时间里，“对于原始家庭形式的认识，已经获得了很大的进展”[④]。1886年，俄国社会学家柯瓦列夫斯基和瑞士法学家霍伊斯勒分别发表了《原始法权·第一分册：氏族》和《德意志私法制度》；1888年，法国人种志学家勒士尔诺发表了《婚姻和家庭之进化》；1890年，俄国社会学家柯瓦列夫斯基和德国历史学家库诺夫分别发表了《家庭及所有制的起源和发展的概论》和

① 《马克思恩格斯全集》第36卷，北京：人民出版社1974年版，第493—495页。
② 《马克思恩格斯全集》第36卷，北京：人民出版社1974年版，第793页，注释493。
③ 《马克思恩格斯全集》第36卷，北京：人民出版社1974年版，第221页。
④ 《马克思恩格斯文集》第4卷，北京：人民出版社2009年版，第18页。

《古秘鲁的农村公社和马尔克公社》；1891 年，芬兰社会学家韦斯特马克[①]发表了《人类婚姻史》；等等。因此，为了恰如其分地照顾到当时的科学状况，也为了弥补以前各版脱销的供不应求局面，恩格斯决定对《起源》第一版进行修订和补充。

关于《起源》第四版对第一版的修订和补充，恩格斯在 1891 年 7 月 7 日致劳拉·拉法格的信中指出："我正在结束《起源》第四版的修订工作。将有大量的重要补充，首先是写了一篇新序言（校样已寄给腊韦，该文可能在下期《新时代》上发表），其次是家庭一章有重大补充。"[②] 苏联学者文尼科夫曾对《起源》第四版对第一版的修订补充情况做过统计研究，他指出，这些修订和补充包括五种类型，共计 144 处。第一，文字上的修改，不改变本文基本的意义，有 51 处；第二，明确或发挥本文意义的修改和小的补充，有 44 处；第三，采用新的事实资料进一步发挥原来论点的，有 20 处；第四，原则性的修改和补充，有 22 处；第五，修改原文不确切的，有 7 处。按章节来看，第二章修改得最多，共 75 处，占了修改总数的一半以上。其次是第七章。修改不大的是第六、九章。几乎没有什么重大修改的是第一、三、四、五、八章。[③]

2.《起源》第四版的出版

恩格斯自 1890 年开始着手准备出版《起源》新版本。在可考证的相关书信中，恩格斯在 1890 年 4 月 11 日致卡尔·考茨基的信中首次谈及了出版《起源》新版本的事情，他说："昨天还收到了狄茨的来信，我……向他证实我同意……再版《起源》作为国际丛书中的一册。我

① 关于爱·韦斯特马克的名字，《马克思恩格斯文集》第 4 卷译为"爱·韦斯特马克"，《马克思恩格斯全集》第一版第 39 卷译为"爱·韦斯特马尔克"。本书中除部分直接引文中的名字仍采用"爱·韦斯特马尔克"之外，其他相关部分皆采用《马克思恩格斯文集》中的译法。

② 《马克思恩格斯全集》第 38 卷，北京：人民出版社 1972 年版，第 126 页。

③ 参阅文尼科夫：《〈家庭、私有制和国家的起源〉一书的第一版和第四版》，载《民族译丛》1956 年第 5 期。

还答应作一些补充。”① 1890 年 5 月 20 日，恩格斯已经开始为《起源》新版做资料方面的准备，他写信给弗·阿·左尔格，请求帮忙寻找摩尔根的最近著作——摩尔根的《美洲土著的住房和家庭生活》。② 恩格斯于 1890 年 7 月 30 日前收到了这本书。③

1891 年底，经过修改和补充的《起源》第四版在斯图加特出版，虽然具体出版日期不详，但可断定是在 1891 年 11 月 10 日前出版的。因为恩格斯在 1891 年 12 月 1 日致劳·拉法格的信中问劳·拉法格："我三个多星期前寄给你的一本第四版《家庭的起源》，不知收到没有？我往欧洲寄了许多本，均未收到回音。寄往国外的书，哪怕少付半个便士的邮资，英国邮局都干脆予以没收，因此，我开始担心起来。”④

第四版出版后，又于 1892 年和 1894 年出版了第五版和第六版，这两版都是在第四版基础上翻印的。⑤

3.《起源》第四版的传播

《起源》第四版出版后，被译成法文（1893 年）、保加利亚文（1893 年）、西班牙文（1894 年）、俄文（1894 年）和英文（1902 年）等，其中法译文由劳拉·拉法格校订，并经恩格斯审阅。⑥

《起源》第四版的法文版于 1893 年出版，可以肯定的是，该书是在 1893 年 10 月 14 日前出版的。因为在 1893 年 10 月 14 日恩格斯致劳拉·拉法格的信中，他说："我收到了三册《家庭的起源》的法译本。”⑦

《起源》的俄文译本于 1894 年在彼得堡出版，由德文第四版译出。

① 《马克思恩格斯全集》第 37 卷，北京：人民出版社 1971 年版，第 374—375 页。

② 《马克思恩格斯全集》第 37 卷，北京：人民出版社 1971 年版，第 408 页。

③ 《马克思恩格斯全集》第 37 卷，北京：人民出版社 1971 年版，第 425 页。

④ 《马克思恩格斯全集》第 38 卷，北京：人民出版社 1972 年版，第 230 页。

⑤ 参见《马克思恩格斯文集》第 4 卷，北京：人民出版社 2009 年版，第 573 页，注释 17。

⑥ 参见《马克思恩格斯文集》第 4 卷，北京：人民出版社 2009 年版，第 573 页，注释 17。

⑦ 《马克思恩格斯全集》第 39 卷，北京：人民出版社 1974 年版，第 144 页。

从恩格斯在 1894 年 6 月 1 日致尼古拉·弗兰策维奇·丹尼尔逊的信中可以看出，俄文译本的出版时间至少在 1894 年 6 月 1 日前，且恩格斯十分严谨地对已读译文给予了不错的评价，他说："《起源》的俄译本收到，十分感谢。就我读过的情况来看，我认为译文很好，对该书的书刊检查显然也是宽大的。"①

尽管在《起源》第一版出版后，恩格斯便同意由爱德华·艾威林博士将其翻译为英文版，但该译本在恩格斯在世时没有翻译出来。直到 1898 年艾威林去世，《起源》英文版也未能问世。因此，目前存在的《起源》英译本主要包括以下版本，且都根据《起源》第四版译出。第一，最早的《起源》英译本是由欧内斯特·翁特曼（Ernest Untermann）翻译，美国芝加哥查尔斯·H.克尔出版社 1902 年出版的版本。该版本主要内容包括第一版序言、第四版序言、正文，书前附译者序言。第二，1940 年，英国伦敦"劳伦斯—威沙特"出版公司出版由阿利克·韦斯特（Alick West）译，多娜·托尔（Dona Torr）校的译本。该译本由第一版序言、第四版序言、正文和附录——《新发现的群婚实例》构成，书前附出版者说明。该译本于 1941、1942、1943、1946、1972 年再版。第三，1942 年，美国纽约国际出版社出版《起源》英译本，未署译者，内容包括第一版序言、第四版序言、正文和附录——《新发现的群婚实例》。该版本于 1963、1970 年重印。1972 年，该出版社以 1942 年版译本为基础，同时依据《马克思恩格斯全集》德文版第 21 卷（Dietz Verlag，Berlin，1962）中的德文原文对原译本进行了修订，出版了新版译本，即 1972 年第一版。该版主要内容仍为第一版序言、第四版序言、正文和附录——《新发现的群婚实例》，但在版权页增加了"出版者说明"，在书前附埃莉诺·伯克·利科克（Eleanor Burke Leacock）写的长达 67 页的导言，在书后附恩格斯的《劳动在从猿到人转变过程中的作用》及编者引言。从 1972 年版的"出版者说明"中可以

① 《马克思恩格斯全集》第 39 卷，北京：人民出版社 1974 年版。

得知，尽管该出版社在1942年版译本中并未署译者，但该译本的译者实为Aleck West，即1940年英国伦敦“劳伦斯—威沙特”出版公司的译本的译者。[①] 经笔者比对，1940年英国伦敦“劳伦斯—威沙特”出版公司译本与1942年美国纽约国际出版社译本确为同一译者的同一作品。第四，1940年，苏联莫斯科外文出版社出版《起源》英译本，未署译者，内容包括第一版序言、第四版序言、正文和附录——《新发现的群婚实例》。1948年，苏联莫斯科外文出版社出版修订本，同样未署译者，内容同样包括第一版序言、第四版序言、正文和附录——《新发现的群婚实例》，但是扉页有“出版者说明”，书前附联共（布）中央马克思恩格斯列宁研究院写的《序言》。在“出版者说明”中，出版者指出，“该版本依据恩格斯1891年的德文第四版进行了重新校订”。1948年版后来于1950、1952、1954、1959、1962、1968、1972、1977、1983、1985年重印。笔者目前只查阅到了1952、1954和1985年的重印本。1952年和1954年的重印本仍由苏联莫斯科外文出版社出版，书前不再附联共（布）中央马克思恩格斯列宁研究院写的《序言》。1985年的重印本则由进步出版社出版。第五，1972年，美国纽约寻路者出版社（Pathfinder Press）出版《起源》英译本，内容包括第一版序言、第四版序言、正文、附录——《新发现的群婚实例》《劳动在从猿到人转变过程中的作用》，书前附Evelyn Reed写的导言和关于翻译的说明。该译本于1973、1975、1976、1979、1983年重印。

此外，《起源》还收录在《马克思恩格斯全集》历史考证版（$MEGA^2$）第I部分第29卷第125—271页；《马克思恩格斯全集》德文版第21卷第25—173页，俄文第一版第16卷（上）第7—153页，俄文第二版第21卷第23—178页，英文版第26卷第129—276页，日文版第21卷第25—178页；《马克思恩格斯选集》英文版第2卷第170—326页；等等。

---

① 区别仅在于1940年“劳伦斯—威沙特”版将译者印为Alick West，1972年国际出版社版在“出版者说明”中将译者印为Aleck West。

《关于原始家庭的历史》（即第四版序言）收录在《马克思恩格斯全集》历史考证版（$MEGA^2$）第Ⅰ部分第29卷第132—144页；《马克思恩格斯全集》德文版第22卷第211—222页，俄文第一版第16卷（下）第117—128页，俄文第二版第21卷第214—225页，日文版第22卷第217—230页；《马克思恩格斯选集》英文版第2卷第172—184页；等等。

二 国内主要版本和传播情况

《起源》一书是最早传入中国的恩格斯经典著作之一，在中国的翻译和传播经历了个人中文摘译本阶段、个人全译本阶段和新中国成立后有组织的集体翻译出版三个阶段。

（一）个人中文摘译本阶段

这一阶段的时间跨度为20世纪初至20年代末，期间的《起源》译本主要有两个特点：第一，翻译由个人完成；第二，译本并非全译本，而是摘译本，主要刊载在杂志刊物上。这一时期《起源》的主要摘译本如下：

1908年，中国出现了最早的《起源》摘译本。由志达摘译的《起源》第二章的若干段落，发表在《天义报》（日本东京）1908年2—5月第16—19卷合卷刊载的志达的《女子问题研究》一文中。该文将恩格斯这部著作译为《家族、私有财产及国家之起源》。

1920年10月，恽代英译述了恩格斯关于家庭的起源的观点，以《英哲尔士论家庭的起源》为题，发表在《东方杂志》第17卷第19号第50—55页和第20号第67—71页。这里的英哲尔士即指恩格斯，译述的主要内容为《起源》第四版序言和第二章“家庭”的部分内容，译述所依据的文本是《起源》英译本，这些信息在译文前的“译者志”中有所说明。恽代英在“译者志”中指出：“英哲尔士（Frederick Engels）为马克斯（Karl Marx）的挚友，终身在宣传事业中联合努力。读马氏传的，无有不知他的。此篇节译其论家庭起源的意见。原书名 ‘The Origin of Family Private Property and the State’。”① 另外，需要说明的是，这里之所以称恽代英“译述”的恩格斯论家庭的起源的意见，意在表明这种摘译不是按照原文逐段逐句翻译而成的，而是对部分段落内容的概述性翻译。

1922 年 1 月 15 日，邓中夏以笔名重远摘译的《起源》一书中关于国家的性质及其如何消亡的论述，刊载在他在《先驱》创刊号发表的题为《共产主义与无政府主义》的文章中。②

1923 年 8 月，熊得山摘译的《起源》第一章、第五章、第六章、第九章，分别以《历史以前底文化阶段》《国家的起源》《未开与文明》为名，发表在《今日》（北京）第 3 卷第 2 期第 76—81、30—46、57—75 页。③

（二）个人全译本阶段

这一阶段的时间跨度为 20 世纪 20 年代末至 50 年代中期，期间的《起源》译本也呈现出两个特点：第一，翻译仍由个人完成；第二，译本主要以全译本的形式出现。这一时期《起源》的主要译本如下：

1. 李膺扬译《起源》译本

该译本由李膺扬根据欧内斯特·翁特曼的英译本译出，并同时参照了西雅雄氏及田中九一氏根据德文版的二种日译本。它于 1929 年 6 月 10 日由新生命书局（上海）出版，书名译为《家族私有财产及国家之起源》，著者译为“恩格尔”，印有“社会科学名著译丛”字样，封面注明

① 《英哲尔士论家庭的起源》，恽代英译，载《东方杂志》第 17 卷第 19、20 号，1920 年 10 月。

② 参见《恩格斯和马克思主义》编写组编：《恩格斯和马克思主义》，北京：中国人民大学出版社 1985 年版，第 511 页。

③ 北京图书馆马列著作研究室编：《马克思恩格斯著作中译文综录》，北京：书目文献出版社 1983 年版，第 206 页。

“李膺扬译”，封底注明“校订者周佛海　译者李膺扬”，为竖排平装本。主要内容包括恩格斯写的第一版序言（1884年）、第四版序言（1891年）和正文，书前附出版者陶希圣于1929年6月14日写的序和译者序言。

出版者陶希圣在他写的序中介绍了《起源》的价值及出版《起源》的意旨，即“这本书的重要，是在以历史的唯物论来叙述民族学家所发见的材料。这本书的价值，是在民族学家所发见的事实能作历史的唯物论的证明。……本书是民族学开山巨著与历史唯物论交流之产物。我们介绍本书因此也有两方面的意义。第一在使读者得知历史唯物论的具体证据。第二在引起读者对民族学研究的端绪和兴趣”[①]。

译者在译者序言中简要介绍了《起源》写作的动因、基础、主要内容，以及该译本得以形成的文本依据，写道：“本书有如著者在序言中所说，是恩格尔继承马克思在生前有志而未遂的工作所完成者，他根据关于这一问题的摩尔根之划时代的研究，加上自己的研究，并插入马克思的评注……把自蒙昧，野蛮以至文明的人类之生活之历史，由唯物史观的见地，简单地论述。我们从本书，不仅获得在历史研究方法上的一般的指示，更可看到人类原始生活中许多有趣味的事实，与三千年来我们文明基础的一夫一妻家族，私有财产制度及国家之沿革，还有锐利的马克思主义的对此之批评。要想知道马克思学派怎样地看男女关系，怎样地看国家，本书便是极有兴味而且重要的指针。……本书以 Ernest Untermann 的英译为底本；当翻译时，并参照西雅雄氏及田中九一氏根据德文版的二种日译本。”[②]

该译本在1929至1937年间，由新生命书局（上海）重印了7版，其中自第五版（1934年3月10日）起未署校者；在所有7版中，恩格斯都被译为“恩格尔”，全名被译为“菲特力克·恩格尔”。具体版本、形式如下：1930年3月30日，再版，印有“社会科学名著译丛”字

---

① 《家族私有财产及国家之起源》，李膺扬译，上海：新生命书局1929年版，第2—3页。

② 《家族私有财产及国家之起源》，李膺扬译，上海：新生命书局1929年版，第1—7页。

样，竖排平装本。1931 年 4 月 30 日，第三版，印有“社会科学名著译丛”字样，竖排平装本。1932 年 7 月 23 日，第四版，印有“社会科学名著译丛”字样，竖排平装本。1934 年 3 月 10 日，第五版，印有“新生命高等文库”字样，封底无“校订者周佛海”字样，竖排平装本。1936 年 2 月 20 日，第六版，印有“社会科学名著译丛”字样，竖排平装本。1937 年 5 月 5 日，第七版，无“社会科学名著译丛”或“新生命高等文库”等字样，竖排平装本。

1938 年 6 月，明华出版社重印该译本，封面书名同样译为《家族私有财产及国家之起源》，但著者译为“恩格斯”，全名译为“福里特里黑·恩格斯”，未署译者和校者，内容包括第一版序言、第四版序言和正文，同时删去了陶希圣的序和译者序言，竖排平装本。据笔者考证，明华出版社译本基本完全采用了前 7 版李膺扬的译本，区别仅在于两点：第一，将著者译为“恩格斯”。第二，去掉了部分译者注。例如，李膺扬译本“第一版序言”的第二段第一句话为“本书仅对我的故友（即马克思——译者注）所未能完成的工作，做成一点补充而已”①。明华出版社译本为“本书仅对我的故友所未能完成的工作，做成一点补充而已”②。

2. 未署译者、出版者、无出版时间等信息的译本

该译本为横排平装本，封面书名译为《家庭私产及国家的起源》，扉页书名为《家庭，私产及国家的起源》，封面著者译为“恩格思”，“第一版序言”和“第四版序言”末尾著者译为“法兰特里希·恩格斯”，无译者、出版者、出版时间等信息，内容由第一版序言、第四版序言和正文构成，封底有手写“一九三〇年　三、十六”字样。从该译本本身来看，可以确知该译本与李膺扬译本以及明华出版社基本重印的李膺扬译本不是一个译本，除此之外尽管无法获得关于该译本的其他确切信息，但是可以推断出以下内容：第一，该译本的出版时间在

① 《家族私有财产及国家之起源》，李膺扬译，上海：新生命书局 1929 年版，第 2 页。
② 《家族私有财产及国家之起源》，李膺扬译，上海：明华出版社 1938 年版，第 1 页。

1930年3月16日前。尽管无从考证该译本封底手写的时间点具体是购书者标注的购书时间抑或是出版时间抑或只是随手写的过去的一个时间点，但无论怎样，可以肯定的是，在1930年3月16日已经出现了该译本。第二，该译本可能是第一个将著者“恩格斯”译为“恩格斯”的译本。尽管该译本在封面将著者译为“恩格思”，但是在“第一版序言”和“第四版序言”末尾处则将著者译为“法兰特里希·恩格斯”。由于我们可以推断该译本在1930年3月16日前便已出现，早于1938年的明华出版社译本，因此据目前可考资料来看，该译本很可能是第一个将著者译为“恩格斯”的译本。第三，据目前可考资料来看，该译本很可能是第一个在书名中呈现出“家庭”字样而不是“家族”字样的译本。

3. 张仲实译《起源》译本

1939年，张仲实在盛世才反动统治下的新疆，不顾白色恐怖，根据莫斯科马克思恩格斯列宁学院院长亚多拉茨基重新校阅并编辑注释的《起源》俄译本，将《起源》译为中文。该译本于1941年2月由学术出版社（上海）出版，书名译为《家族私有财产及国家之起源》，著者译为“恩格斯”，全名译为“福里特里克·恩格斯”，印有“古典名著译丛”字样，主要内容为第一版序言、第四版序言、正文和附录——《新发现的群婚场合》，书前有译者序言，书中有编者注，竖排平装本。

张仲实的译本后来多次再版或重印，例如，1946年5月，生活书店（上海 重庆）版，书名译为《家族私有财产及国家的起源》，印有“世界学术名著译丛”字样，竖排平装本；1947年1月，生活书店（重庆 星加坡）重印，注明“胜利后第2版”，印有“世界学术名著译丛”字样，竖排平装本；1948年11月，光华书店版，印有“马列文库之六”字样，竖排平装本；1949年4月，新中国书局（印有“东北现名光华书店”字样）（长春）再版，印有“世界学术名著译丛”字样，竖排平装本；1949年4月，生活·读书·新知三联书店第一版，竖排平装本；1949年7月，新华书店（大连）重印，竖排平装本；1950年2

月，生活·读书·新知三联书店（上海）再版，书名为《家族、私有财产及国家的起源》，印有“马列主义理论丛书”字样，竖排平装本；1950年4月，生活·读书·新知三联书店（北京）第三版，印有“马列主义理论丛书”字样，竖排平装本；1950年10月，北京生活·读书·新知三联书店第五版，印有“马列主义理论丛书”字样，竖排平装本。

1954年，张仲实根据苏联国家政治书籍出版局1947年所出的《起源》俄文译本，对自己翻译的《家庭私有财产和国家的起源》一书进行了重新校订，补译了联共（布）中央马克思恩格斯列宁研究院序言一篇，并请人民大学研究部樊亢、谢家、王更生同志根据俄文译本，参考英、日译本校阅一遍，请中国科学院社会研究所汪敬虞同志根据英文译本校阅一遍，请北京大学东方语文系季羡林同志根据德文原文校订前半一部分，[①] 该校订本于1954年10月由人民出版社出版。书名改译为《家庭、私有制和国家的起源》，主要内容有第一版序言、第四版序言、正文、附录——《新发现的群婚实例》[②]，书前有联共（布）中央马克思恩格斯列宁研究院写的《序言》，书后有《译者后记》（写于1954年5月10日），书中有著者注、英文版编者注、俄文版编者注，本版为横排本，分精装、平装两种。

（三）有组织的集体翻译出版阶段

从20世纪初到1949年新中国成立前，马克思、恩格斯、列宁的许多重要著作都已经有了中文译本，但从整体上看，经典著作文本的中国化还存在大量问题，如经典作家的遗著中仍有大量文献尚未翻译介绍；已经出版的译本质量良莠不齐；各种译本译文风格不一，对经典作家的范畴、概念和术语译法不一；等等。在这种情况下，为了进一步提高译

① 参见《家庭、私有制和国家的起源》，张仲实译，北京：人民出版社1954年版，第176—177页。

② 1941年版译为《新发现的群婚场合》。

文质量，更全面地反映经典作家的全部理论，亟须成立一个专门机构来组织指导并从事经典著作文本的翻译工作。因此，新中国成立前夕，周恩来同志于 1949 年上半年起草了筹建中央俄文编译局的决定，中央俄文编译局于 1949 年 6 月正式成立。此后，中央又在中宣部设立了《斯大林全集》翻译室。1953 年 1 月 29 日，经毛泽东同志亲自批示，中央决定将上述两个机构合并，成立中共中央马恩列斯著作编译局，“其任务是有系统地有计划地翻译马克思、恩格斯、列宁、斯大林的全部著作”[①]。中共中央编译局成立后，中国的马克思主义经典著作编译事业进入了一个有组织的集体翻译出版的新时代。借着这股东风，《起源》的翻译出版工作也进入了有组织的集体翻译出版的新阶段。

1954—1955 年，中国派在苏联外国文书籍出版局工作的同志依据俄文版《马克思恩格斯文集》（两卷本）集体翻译出版了中文版《马克思恩格斯文选》（两卷本），《起源》被收入《马克思恩格斯文选》第 2 卷[②]第 169—325 页，内容包括第一版序言、第四版序言和正文，注明“集体翻译　唯真校订”。《马克思恩格斯文选》（两卷本）在《马克思恩格斯全集》出版之前被广泛使用，1958 年和 1963 年，人民出版社先后两次重印。

1955 年，中央编译局正式启动《马克思恩格斯全集》中文第一版的翻译工作，《马克思恩格斯全集》中文第一版依照收录《起源》正文和第一版序言的《马克思恩格斯全集》俄文第二版译出，同时参考了马克思的原著文字。[③] 其中《家庭、私有制和国家的起源》正文和第一版序言被收入 1965 年 9 月出版的第 21 卷；第四版序言和“新发现的一

① 中央关于成立马恩列斯著作编译局与撤销中央俄文编译局的决定，参见《思想的历程》创作组编：《思想的历程：马克思主义在中国的百年传播》，北京：中央编译出版社 2011 年版，第 107 页。

② 《马克思恩格斯文选》（第 2 卷），莫斯科：外国文书籍出版局 1955 年版。

③ 参见《马克思恩格斯全集》第 1 卷，北京：人民出版社 1956 年版，扉页。说明：《马克思恩格斯全集》俄文第二版是根据苏联共产党中央委员会的决定，由苏共中央马克思列宁主义研究院编译，苏联国家政治书籍出版局于 1955 年开始出版的。

个群婚实例”被收入1965年5月出版的第22卷。联共（布）中央马克思恩格斯列宁研究院为《起源》写的《序言》未被收入《马克思恩格斯全集》中。关于中央编译局译校的《家庭、私有制和国家的起源》与以前译本的联系与区别，中央编译局在收录《起源》正文和第一版序言的《全集》第21卷中指出：“‘家庭、私有制和国家的起源’一书，是在人民出版社1961年单行本译文的基础上校订的，并由原译者张仲实同志审阅一遍”[①]；在收录《起源》第四版序言和“新发现的一个群婚实例”的《全集》第22卷中指出：“关于原始家庭的历史（巴霍芬、麦克伦南、摩尔根）。‘家庭、私有制和国家的起源’一书德文第四版序言”和“新发现的一个群婚实例”二文，是在1961年人民出版社出版的“家庭、私有制和国家的起源”一书（张仲实译）译文的基础上修订的。[②]

1966年3月，人民出版社出版《家庭、私有制和国家的起源》大16开本单行本，共两册，恩格斯的《新发现的一个群婚实例》作为附录收入本书，书后附注释151条，函装横排本。在该版的封底中，出版社对本单行本的文本来源及内容作了简要说明，指出：“本书中第一版序言和正文部分的译文采自《马克思恩格斯全集》中文版第21卷，第四版序言和附录的译文采自《全集》中文版第22卷。这次排印大16开本时，由中共中央马克思恩格斯列宁斯大林著作编译局对译文作了一些修改。”[③]

1972年，为了适应读者学习马克思主义的需要，中央编译局编辑了4卷本《马克思恩格斯选集》，由人民出版社于1972年5月出版，封底注明“中共中央马克思恩格斯列宁斯大林著作编译局编”，其中《起源》被收入《选集》第4卷第1—175页，收入内容为第一版序言、第四版序言和正文，未附《新发现的一个群婚实例》。《选集》中《起源》

① 《马克思恩格斯全集》第21卷，北京：人民出版社1965年版，第827页。
② 参见《马克思恩格斯全集》第22卷，北京：人民出版社1965年版，第862页。
③ 恩格斯：《家庭、私有制和国家的起源》，北京：人民出版社1966年版，封底。

的译文采用人民出版社出版的《马克思恩格斯全集》的译文，经过了重新校订。[①]

1972年12月，人民出版社出版《家庭、私有制和国家的起源》单行本，注明“中共中央马克思恩格斯列宁斯大林著作编译局译”，内容包括第一版序言、第四版序言、正文和附录《新发现的一个群婚实例》，书中有编者注，书后附注释和《族名索引》，横排平装本。

1995年，中央编译局编译的《马克思恩格斯选集》中文第二版由人民出版社出版发行，扉页注有“中共中央马克思恩格斯列宁斯大林著作编译局编译”。《选集》第二版的译文以第一版为基础，并依据1975年开始陆续出版的《马克思恩格斯全集》历史考证版，及《马克思恩格斯全集》德文版、英文版等进行了重新校订[②]，并对注释和索引进行了增补和修订。经过重新校订过的《家庭、私有制和国家的起源》被收入《选集》第二版第4卷第1—179页，收入内容为第一版序言、第四版序言、正文，未附《新发现的一个群婚实例》。

1999年，人民出版社出版了列入《马克思列宁主义文库》的《起源》单行本。

2009年，由中央编译局编译的《马克思恩格斯文集》10卷本由人民出版社出版发行，扉页注有“中共中央马克思恩格斯列宁斯大林著作编译局编译”。《文集》的译文根据《马克思恩格斯全集》历史考证版（$MEGA^2$）、《马克思恩格斯全集》德文版（柏林）和《马克思恩格斯全集》英文版（莫斯科、伦敦、纽约）作了重新审核和修订。经过重新审核和修订的《起源》被收入《文集》第4卷第13—198页，内容包括第一版序言、第四版序言和正文，未收入附录《新发现的一个群婚实例》。

① 参见《马克思恩格斯选集》第1卷，北京：人民出版社1972年版，第1页；《马克思恩格斯全集》第21卷，北京：人民出版社1965年版，第27—203页；《马克思恩格斯全集》第22卷，北京：人民出版社1965年版，第246—259页；《马克思恩格斯选集》第4卷，北京：人民出版社1972年版，第1—175页。

② 参见韦建桦：《马克思主义理论建设的崭新成果——〈马克思恩格斯选集〉中文第2版简介》，载《马克思恩格斯研究》1995年第23期。

2012年，为了确保经典著作译文的统一性和准确性，由中央编译局编译的《马克思恩格斯选集》中文第三版由人民出版社出版发行，扉页印有“中共中央马克思恩格斯列宁斯大林著作编译局编译”字样，《选集》译文采用《马克思恩格斯文集》的译文，《起源》被收入《选集》第4卷第12—195页，内容包括第一版序言、第四版序言和正文，未收入附录《新发现的一个群婚实例》。

此外，民族出版社还根据中共中央马克思恩格斯列宁斯大林著作编译局的中译文翻译出版了蒙文版（1976年2月）、朝鲜文版（1976年12月）等民族文字的《起源》译本。新疆人民出版社出版了哈萨克文的《起源》译本（1959年版）。[①]

（本文来自2017年中央编译出版社出版的江洋所著《恩格斯〈家庭、私有制和国家的起源〉研究读本》有关内容。）

① 参见北京图书馆马列著作研究室编：《马克思恩格斯著作中译文综录》，北京：书目文献出版社1983年版，第208页。

目　录

弗・恩格斯著

家庭、私有制和國家的起源*

一八八四年第一版序言

以下各章，在某種程度上是爲執行遺言而作。不是別人，正是卡爾・馬克思曾準備聯系於他——在某種限度內我可以說是我們兩人——對歷史作唯物主義研究所得的結論來闡述摩爾根研究所得的結果，並且只是這樣來闡明這些結果的全部意義。須知，摩爾根在美國那裏按照自己的方式重新發現了四十年前已由馬克思發現的歷史唯物主義見解，並且他本着這個見解，在把野蠻期和文明期相對照時得出了大致跟馬克思所得出的相同的結果。正如德國的職業經濟學者多年來熱心地抄襲資本論，同時却又頑強地抹煞它一樣，英國的「史前」學家對摩爾根所著古代社會一書[1]所持的態度，也是如此。我這本書只能稍稍代替我的亡友所未能完成的工作。不過，我手裏有散見於他對摩爾根一書所作詳細摘錄[2]中間的一些批評意見，而我在凡有適當地方可用時就把它們引錄於此了。

[1] «Ancient society, or researches in the lines of human progress from savagery through barbarism to civilization». By Lewis H. Morgan. London, Macmillan and Co., 1877。該書是在美國出版，在倫敦極難買到。作者已於數年前去世。（這是恩格斯加的附註。）

[2] 指馬克思對摩爾根著古代社會一書所作的摘要。見馬克思恩格斯文庫，一九四五年，俄文版，第九卷。——編者註。

* 本内容来自莫斯科外国文书籍出版局出版的《马克思恩格斯文选》一书。

依據唯物主義的見解，歷史上的決定要素，歸根到底是直接生活的生產和再生產。但生產本身又有兩種。一方面是生活資料即食品、衣服、住所以及為此所必需的種種工具的生產；另一方面是人類自身的生產，即種屬蕃衍[1]。一定歷史時代和一定國度內的人們生活於其中的社會制度，是由兩種生產，即一方面由勞動發展程度和另一方面由家庭發展程度所制約的。勞動愈不發達，其生產品的數量，從而社會的財富，愈有限制，則氏族的繫帶對於社會制度的支配影響就顯得愈強烈。然而，在這種以氏族繫帶為基礎的社會肢分範圍內，勞動生產率日益發展起來，隨之是私有制和交換，財富上的差別，使用他人勞動力的可能性，從而階級矛盾的基礎等新的社會成分，也日益發展起來，這些社會成分在幾世代中力求使舊的社會制度適應於新的條件，直到兩者的不相容性終於引起一個完全的變革為止。基於氏族聯系的舊社會，因各種新形成的社會階級發生衝突的結果而發生爆裂；取而代之的是組成為國家的新社會，其基層結合已不是血統結合而是地域結合了，——這個社會裏面的家庭制度是完全服從於私有權關係的，並且這個社會裏面是從此已有階級矛盾和階級鬥爭自由展開起來，而這種階級矛盾和階級鬥爭是構成今日以前全部成文歷史內容的。

摩爾根的偉大功績，就在於他發現了並且在主要方面恢復了我們成文歷史的這種史前的基礎，並從北美印第安人的氏族聯系中，找到了一把鑰匙來解決古代希臘史、羅馬史和日耳曼史中那些極其重要，至今尚未解決的啞謎。他的著作，決不是一朝一夕的勞動。他研究自己所得的材料，到完全掌握為止，約費了四十年的功夫。唯其如此，所以他所著的一本書乃是今日劃時代的少數著作之一。

[1] 恩格斯在這裏將種屬蕃衍和生活資料生產同等當作決定社會及社會制度發展的原因來看待，是不確切的。但在家庭、私有制和國家的起源一書的本文中，恩格斯根據具體材料的分析，表明了物質生產方式是決定社會及社會制度發展的主要因素。——編者註。

在下面的論述中，讀者大體上可以很容易辨別出，哪些東西是原屬於摩爾根的，哪些是我所補充的。在關於希臘和羅馬歷史的章節中，我並沒有局限於申述摩爾根的論據，而且還補充了我手中所有的材料。關於克勒特人和日耳曼人的章節，基本上是屬於我的；在這方面，摩爾根所掌握的材料，幾乎都是從別人那裏轉引來的，而關於日耳曼人的章節，除了引用塔次特以外，只利用了福禮曼先生那些拙劣的自由主義的僞造品。對摩爾根所持目的說來已很充分的經濟學論證，就我的目的說來却完全不夠，所以我把它全部重新改寫過了。最後，凡未直接援引摩爾根而作出的那些結論，當然都由我負責。

一八九一年第四版序言

本書以前諸版，印數雖多，但差不多半年前已經賣光，出版者早就請我準備新版了。由於有更緊迫的工作，一直使我不能分身來作這件事。自本書初版問世至今已有七年之久，而在這幾年間，對於家庭原始形態的研究已經有了很大的進步。因此，這裏必須作些縝密的修正和增補，何況由於這次本書印本預定要打紙型，使我將來在相當時期內無法作進一步的修改。

總之，我把全文仔細重新審查了一遍，作了一些我相信是充分顧到了現代科學情況的修改。其次，在這篇序文裏，我把自巴苛芬至摩爾根止對於家庭史的觀點的發展，作一個簡短的評述；我這樣來作，主要是因爲英國那個帶有沙文主義情緒的研究原始歷史的學派，仍然在竭力把對於原始歷史的見解中由摩爾根的發現所引起的變革抹煞，同時却又絲毫不嫌把摩爾根研究所得的成果攫爲己有。而且其他各國也有人在十分熱心仿效這種英國榜樣哩。

我的這本書已譯成各種文字。首先譯成意大利文：«L'origine della famiglia, della proprieta privata e dello stato, versione riveduta dàll'autore, di Pasquale Martignetti», Benevento, 1885, 其後譯成羅馬尼亞文：«Origina familei, proprietatei private si a statului, traducere de Joan Nadejde»，自一八八五年九月至一八八六年五月連續登載於亞斯出版的 «Contemporanul» 雜誌中。其後又譯成丹麥文：«Familjens, Privatejendommens og Statens Oprindelse, Dansk, af Forfatteren gennemgaaet Udgave, besörget af Gerson Trier», København, 1888；安利·拉威從這個德文版譯成的法文本在印刷中。

* * *

在六十年代初期以前，根本談不上什麽家庭歷史。歷史科學在這一方面還完全受到『摩西五書』的影響。那裏描寫得比任何地方都更爲詳盡的宗法制的家庭形式，不僅被一般人毫無保留地認作是最古的形式，而且被看成是——一夫多妻制除外——跟現代資產階級家庭完全相同的東西，因此家庭實在說來似乎是根本沒有經歷過任何歷史的發展；至多也只是認爲在原始時代可能有過一個雜亂性交關係的時期。——誠然，除了專一婚制以外，一般知道還有東方的一夫多妻制和印度西藏的一妻多夫制；可是，這三種形式並不能按歷史的順序排列起來，所以它們被看作是彼此並立而沒有任何相互聯繫的。至於古代世界某些人民中間，如像現在還存在的若干蒙昧人中間一樣，血統不是依父而是依母計算，因此母系被認爲是唯一有意義的；至於今日許多人民中間，在一定的相當大的集團（那時尚未詳細研究過的集團）內部禁止通婚，而且這種習慣在世界各處都可見到，——這種種事實誠然已經是衆所週知，並且這類例子是搜集得一天比一天更多了的。但是，究應怎樣去處理這些事實，那却誰也不知道；甚至在泰洛所著的人類原始歷史研究等等（一八六五年）[1]一書中，這些事實也還是被視爲『奇風異俗』，跟若干蒙昧人禁止用鉄器接觸燃燒木柴等等一類宗教胡說相提並論哩。

[1] Tylor E. B., Researches into the early history of mankind and the development of civilization. London, 1865.——編者註。

家庭史的研究是從一八六一年，即從巴苛芬的母權論出版後開始的。著者在該書中提出了以下幾點：(一)人們起初過着毫無限制的性交生活，這種性交關係由他用一個不恰當的名詞『淫婚』來表示；（二）這種關係排除了確切認知父親的任何可能性，因此血統只能依母系——依母權——來確定，古代各族人民起初確實都是如此；（三）因此，女性作爲母親，作爲年靑一代的唯一確切知道的親長所享有的敬重和威望很高，一直高到如巴苛芬所認定的那樣使女性享有完全統治（婦女專權）；（四）向一個女子專屬於一個男子的專一婚制的過渡，是使遠古宗教戒律受到侵害（事實上是使其餘一切男子對於這一女子自古享有的權利受到侵害），這種侵害必須受到懲罰，或者如果要得到容忍的話，應由女子在一定時期內委身於別的男子來贖罪。

巴苛芬從古代經典作品中引出了許多辛勤搜集來的事例，作爲這些論點的證據。按照他的意見，由『淫婚』到一夫一妻制的發展，由母權制到父權制的發展——比方在希臘人中間——是由於宗教觀念的進一步發展而發生的，是由於代表新觀點的新神侵入代表舊觀點的傳統的衆神中而發生的，因此舊觀點就被新觀點逐漸排擠到後邊去了。這樣，照巴苛芬看來，並不是由於人們的現實生活條件的發展，而是由於這種條件在人們頭腦中的宗教反映，才引起了男女兩性相互社會地位上的歷史的變化。因此，巴苛芬就把愛斯奇洛斯的奧勒斯特雅，說成是沒落的母權跟產生於英雄時代並獲得勝利的父權間鬥爭情形的動人描寫。克里苔內斯托拉爲着情人愛吉斯搭斯，殺死了剛從特羅亞戰爭歸來的丈夫阿加綿農；但她和阿加綿農所生的兒子奧勒斯特又殺死自己的母親來爲父親報仇。爲此，艾倫尼斯諸神[1]即保護母權的鬼神們就來追究奧勒斯特，因爲依照母權說來，殺

[1] 艾倫尼斯諸神（希臘神話）——主管復仇問題的鬼神，爲髮作蛇狀的女人。——編者註。

母是不可贖清的極大罪惡。但是通過自己的使者鼓勵奧勒斯特做這件事的阿波羅神和被請來當裁判官的雅典妮神——這兩位神當時都是代表新的父權制的——却都替奧勒斯特辯護；雅典妮神聽過了雙方說出的理由。全部爭論點都在奧勒斯特和艾倫尼斯諸神間發生的辯論中撮述出來了。 奧勒斯特說，克里苔內斯托拉犯了雙重的罪惡，因為她殺了自己的丈夫，同時就殺了他的父親。那末艾倫尼斯諸神為什麽要追究他，而不追究犯罪更重得多的她呢？答覆是令人驚奇的：

『她跟她所殺害的丈夫沒有血統關係。』

殺死一個沒有血統關係的人，即使他是把他殺死的那個女子的丈夫，也可以贖罪的，這點跟艾倫尼斯諸神毫不相干；她們的職務只是追究血統親族中間的謀殺案件，而這裏按照母權制來說，殺母是最重大而不可贖的罪。但是阿波羅神出來替奧勒斯特作辯護了；雅典妮神把問題提交裁判員們——雅典城的陪審員們——去表決；主張宣告無罪和主張判罪的人數相等；這時雅典妮神就以裁判長資格給奧勒斯特投出一票，宣告他無罪。父權制戰勝了母權制；『幼輩的神』（這是艾倫尼斯諸神自己給他們取的稱呼）戰勝了艾倫尼斯諸神，後者終於也同意担任新的職位來為新的秩序服務了。

對奧勒斯特雅作出的這個新穎而完全正確的解釋，乃是巴苛芬全書中一個最精彩最卓越的地方，但這個解釋同時又證明，巴苛芬至少是如從前愛斯奇洛斯一樣相信艾倫尼斯諸神、阿波羅神和雅典妮神，也就是說，他相信這些神在希臘英雄時代樹立了一種奇蹟：顛覆母權制而代之以父權制了。顯然，這種認為宗教對世界歷史具有决定性因素意義的觀點，歸根到底是一種十足的神秘主義。所以把巴苛芬這部很厚的書細讀一遍，實在是一件吃力而遠非常常有益的工作。但是，這一切並不貶低他作為一個開拓了新道路的研究者的功績；他頭一個排斥了關於毫無所知的原始雜亂性交狀態的空言，而證明了，古代經典作品中有許多遺跡，表明希臘人民以及亞洲各國人民那裏在專一婚制前確實存在過如下一種狀態，即當時風俗不僅沒有禁止一個男子跟幾個女子發生性交關係，而且沒有禁止一個女子跟幾個男子發生性交關係；這種風俗消逝後留下如下一種痕跡，即女子爲了獲得自己對專一婚的權利，必須在一定時期內委身於別的男子；因此，血統最初只能依女系——從母到母——來計算；女系的這種特殊意義在父親身分已經確定或至少已被承認的專一婚制時代也還保存了很久；母親作爲子女唯一確實可靠親長佔有的這種原始地位，便給她們以至一般女性保證了一種崇高的社會地位，這種地位是她們從那時以來再也沒有佔據過的。誠然，巴苛芬並沒有把這些論點表述得如此明確，因爲他的神秘的世界觀不讓他這樣來作。但他已證明了這些論點，而這在一八六一年間乃是一個完全的革命。

巴苛芬的厚書，是用德文寫的，即是用那時對現代家庭的史前史最不感興趣的民族的語言寫的。因此，他的這本書竟湮沒無聞。一八六五年在同一領域內繼巴苛芬而起的人物甚至沒有聽說過他。

這個繼起人物就是與其先驅者恰正相反的麥克林南。在這裏，我們所看到的不是天才的神秘家，而是一個枯燥乏味的法律家；不是洶湧的富有詩意的幻想，而是一位在法庭上講話的辯護士似乎合理的巧辯。麥克林南在古代及近代許多蒙昧、野蠻甚至文明的人民中，發現了這樣一種結婚形式，即新郎必須一個人或是跟友人們一起到新娘家裏去假裝用暴力把她刼奪來。這種習慣大概是一種較早習慣的遺風，那時某一部落的男子確實是要用暴力到別一部落中去爲自己搶刼妻子的。這種「搶刼婚」究竟是怎樣發生的呢？當男子還可能在自己部落內找到足夠的妻子時，對於這種搶刼婚是沒有任何動機的。不過，我們也往往發現，在不發達的部族那裏，有一些集團（一八六五年時，還常常把這種集團和部落自身看成同一個東西）是禁止內部通婚的，因此男性不得不在本集團以外娶妻，女性不得不在本集團以外出嫁；而另外有些部族中間却又有另一種習慣，卽某一集團裏的男性只可在本集團以內娶妻。麥克林南把第一種集團叫做族外婚集團，而把第二種集團叫做族內婚集團，並且逕直確定出族外婚『部落』和族內婚『部落』間的明顯對立。雖然他自己對族外婚的研究使他當面碰到一件事實，卽這種對立在許多場合（如果不是在大多數或甚至一切場合）只存在於他的想像中，但他仍把這種對立作爲他的整個學說的基礎。 依據這點，族外婚部落，只可從別的部落中娶妻，而這在跟蒙昧時期相適應的各個部落不斷交戰的狀態下，是只有用刼奪的方法才可做到的。

麥克林南更進一步問道：這種族外婚風俗是從何而來的呢？關於血族關係和近親通姦的觀念跟這毫不相干，因爲這種現象只是在很久以後才發展起來。但是，蒙昧人中間廣泛流行的女孩出生後立卽殺死的風俗，却是另外一回事。由於這種風俗，在各個部落內便發生了男子人數過剩，其必然的最直接的後果便是幾個男性共有一個妻——卽一妻多夫制。由此又造成如下一種情况，卽人們只知道誰是孩子的母親而不知道誰是孩子的父親，因此親族關係只能依照女系計算，不能依照男系計算。這就是母權制。因部落內部女子不夠——這種現象雖由一妻多夫制所緩和，但未被消除——而產生的第二個後果，便是一貫使用暴力掠奪別個部落內的女性。『族外婚和一妻多夫制既是起於同一個原因——兩性數目的不平等，那麼我們就應當認爲，一切族外婚的種族起初都有過一妻多夫制…因此我們應當認爲不容爭辯的，是在族外婚的種族中間，最初的親族制度乃是僅由母親方面認知血緣的制度』（見麥克林南，古代史概論，一八八六年出版。原始婚姻[1]，第一二四頁。）

[1] Mac-Lennan J. F., Studies in ancient history, comprising a reprint of primitive marriage. London, 1886.——編者註。

麥克林南的功績，就在於他指出了他所謂的族外婚的到處流行和具有重大意義。他並沒有發現族外婚集團存在的事實，至少是沒有理解這件事實。且不用說許多觀察者較早的個別意見——它們正是麥克林南材料的來源，——拉當就曾精確而眞實地描述過印度馬格爾人那裏存在有這種制度的情形（記述人類學，一八五九年出版[1]），指出這種制度普遍流行並在世界各洲都可見到，——這個地方麥克林南自己也引用過。而且我們的摩爾根於一八四七年間在他關於易洛魁人的通信內（載於美國評論雜誌）並於一八五一年間在易洛魁同盟[2]中已指出這個部落裏存在有同一制度，並且正確地記述了這個制度，然而麥克林南的辯護士頭腦，如我們往下就會看到的，在這方面造成了比巴苛芬的神秘幻想頭腦在母權制方面造成的更多得多的糊塗觀念。麥克林南的另一功績，就在於他認定母權血統制度是始初的制度，雖則在這一點上，如他本人後來承認說，巴苛芬是先於他的。但他在這一點上也有一些不大明確的地方；他經常說到『只依女系的親族關係』(kinship through females only)，並且總是把這個對較早發展階段正確的說法應用於較後各個發展階段，這時血統和繼承權雖然仍舊只按女系計算，但親族關係已是同時也按男性方面來承認和確定了。這是法學家常有的一種偏狹性，他給自己創造了一個固定的法律術語，便繼續一成不變地把它應用於早已不復適用的情况。

然而，麥克林南的理論儘管好像是很合乎眞理，這理論的創造者本人終究覺得它沒有什麼牢固的根據。 至少，他本人注意到『如下一件顯著的事實，即搶刼（假裝搶刼）女性的形式，正是在那些男性親族關係（即依男系的血統）佔統治地位的民族中間表現

---

[1] Latham R. G., Descriptive ethnology. Vol. I—II. London, 1859.——編者註。

[2] Morgan L. H., League of the Ho-dé-no-sau-nee or Iroquois. Rochester, 1851.——編者註。

7—1004

得最爲清晰而明確。』（第一四〇頁）。再則：『很奇怪的是，據我們所知道的，在族外婚和最古親族形態並存的地方，從來沒有過一貫實行殺嬰的風俗。』（見第一四六頁。）這兩件事實都直接打擊着他的說明方式，而他所能用以對抗這種事實的不過是一些新的更加混亂的假說罷了。

可是，他的學說在英國却受到了很大的贊許和同情；這裏大家都認爲麥克林南是家庭史的創始者和這方面的最高權威。他那把族外婚『部落』和族內婚『部落』對立起來的學說，雖然以後確定有個別的例外和改變，但却依然是佔支配地位的觀點的公認基礎，而且變成了一種眼罩，使得這一方面的任何自由的觀察，從而任何堅決的前進步驟都成爲不可能的了。爲了抵銷普遍流行於英國並且同樣流行於其他國家的那種對麥克林南的過高評價，我們應當着重指出，他那以純粹誤會爲基礎的族外婚『部落』和族內婚『部落』的對立學說所造成的害處，要多於他的研究所帶來的益處。

可是不久便開始出現了愈來愈多的事實，這些事實都是不能裝進他的理論的美妙框架裏去的。麥克林南僅知道三種婚姻形式：一夫多妻制，一妻多夫制和專一婚制。但是，既然注意力集中到了這一點上，就開始發現了愈來愈多的證據，證明在未開化的部族中間，有過一些這樣的婚姻形式，即數個男性共同佔有數個女性；並且劉波克（文明的起源，一八七〇年出版[1]）認定這種羣婚（Communal marriage）是歷史的事實。

隨後，在一八七一年間，摩爾根提出了新的，在許多方面講來都是決定性的材料。他確信到，易洛魁人那裏通行的特殊親族制度，乃是美國一切土人共通的，因而是整個大陸上流行的制度，雖然它跟那裏由通行的婚姻制度中實際產生出來的親屬等級是正相矛盾的。他使得美國聯邦政府根據他自己擬定的問題和表格搜集了關於

[1] Lubbock J., The origin of civilization and the primitive condition of man. Mental and social condition of savages. London, 1870.——編者註。

其他各族人民親族制度的材料，結果他從答案中發現出：(1)美洲印第安人的親族制度在亞洲許多部落中間也流行着，並且以稍微改變的形態在非洲和澳洲的許多部落中間流行着；(2)這種制度完全能以那在夏威夷及其他澳洲島嶼上正處於消亡階段的羣婚形式來說明；(3)然而，除這種婚姻形式外，在這些島嶼上還盛行着一種只有用現今業已消滅的更原始的羣婚形式才能說明的親族制度。他把所搜得的材料和他從中得出的結論，一併發表在他於一八七一年出版的血族和親姻制度[1]一書中，因而把爭論轉移到更無比廣大的領域裏來了。他從親族制度出發，並恢復了跟它相適應的家庭形式，於是便打開了一條新的研究路徑及進一步窺探人類史前時期的可能。如果這個方法得到勝利，那末，麥克林南的精緻體系便要煙消雲散了。

麥克林南在原始婚姻的新版（古代史概論，一八七五年）中，起而為自己的學說辯護。 他自己完全使用假說，極端人為地編造了家庭史，而對劉波克和摩爾根則不僅要求他們每一論點必須有證據，並且還要求只有像在蘇格蘭法庭上才必要的那種不可爭辯的證據。 而這樣作的一個人，同時却又根據日耳曼人中舅父跟外甥有密切關係這一事實（塔次特，日耳曼，第二十章），根據愷撒所說的不列特人每十個至十二個男子擁有共同妻子的故事，根據古代作家關於野蠻人共妻的其他一切故事，毫不猶豫地作出結論，說所有這些部族都盛行過一妻多夫制哩！這好像是在聽一位檢察官審問案件，他自己對於起訴資料可以為所欲為，但却要求辯護人每句話都具有極正式的、有法律效力的證據。

羣婚乃是純粹的虛構，——他這樣斷定說，因而表明他是比巴苛芬落後得多了。據他的意見，摩爾根所說的親族制度不過是一種社

[1] Morgan L. H., Systems of consanguinity and affinity of the human family. Washington, 1871.——編者註。

7•

會禮節，這點可拿印第安人把外地人——白種人——也稱作『兄弟』或『父親』的事實作爲證明。這正如某人因爲人們把天主教教士和女住持也稱爲父親和母親，而且和尙、尼姑以至共濟會會員和英國同業公會會員在莊嚴的集會上彼此也用『兄弟』和『姊妹』等稱呼，就硬說父母、兄弟、姊妹等稱號只是一種毫無意義的稱謂方式一樣。一句話，麥克林南的辯護是脆弱極了。

不過他還有一點是不可辯駁的。他的全部體系所依據的族外婚『部落』和族內婚『部落』之間的對立，不僅沒有被動搖，甚至還受到普遍的承認，被認爲是全部家庭史的基石。人們承認，麥克林南想說明這個對立的企圖是不夠的，而且是跟他自己所舉的一些事實相抵觸的。但是這一對立本身，卽兩種互不相容的自主獨立部落的存在，其中一種是在本部落以內娶妻，而另一種則絕對禁止這種現象，——却被認爲是不可辯駁的福音。例如只要把吉羅條龍著的家庭的起源（一八七四年）[1] 以及甚至劉波克的文明的起源（一八八二年，第四版）拿來參照一下，便可知道了。

針對着這一點而寫的有摩爾根的主要著作，卽古代社會（一八七七年），而本書就是以他這部著作爲基礎的。凡摩爾根在一八七一年僅僅模糊猜測到的東西，在這部著作中已經充分明確加以發揮了。族內婚和族外婚並不是一種對立；族外婚『部落』的存在，直到現在還沒有在任何地方得到證明。不過，在羣婚還盛行的時代——而羣婚大概曾經到處盛行過——一個部落分爲好多母系親族關係的集團卽氏族，而在氏族內部是嚴格禁止通婚的，所以某一氏族的男性雖能在部落以內娶妻，並且通常都是這樣作，但必須到氏族以外去娶。所以，如果說氏族是嚴格族外婚制的話，那末包括有許多氏族的部落，却就是同樣嚴格族內婚制的了。這樣就把麥克林南人工編造的體系澈底推翻了。

---

[1] Giraud-Teulon A., Les origines de la famille. Genève, Paris, 1874. ——編者註。

但是，摩爾根並不以此爲滿足。美洲印第安人氏族還使他在他所研究的領域內作出了第二個大進步。他在這種依母權制建立的氏族內，發現了後來依父權制建立的氏族即我們在古代文化人民那裏可以看到的氏族所由以發展起來的最初形式。希臘的和羅馬的氏族，一向對所有歷史家都是個啞謎，現在已被根據印第安人氏族解釋清楚了，因而就爲全部原始歷史都找到一個新的說明基礎了。

這樣把原始母權制氏族作爲文化人民父權制氏族前期階段作出的一個新發現，對於原始歷史的意義，是跟達爾文進化論對於生物學和馬克思剩餘價值學說對於政治經濟學一樣重大的。它使摩爾根得以第一次繪出了家庭史的略圖，這一略圖在迄今所知道的材料所能容許的限度內，至少大體上已把各典型的發展階段暫且確定下來了。大家都清楚看到，這給原始歷史的研究開闢了一個新的紀元。母權制氏族成了這一門科學由以旋轉的軸心；自它被發現以來，我們便知道應向什麼方向研究，應研究什麼以及應如何去整理所得的結果了。因此，這一領域內的進步，現在比在摩爾根的著作出版以前要迅速得多。

摩爾根的發現，如今甚至爲英國所有原始歷史的研究者所承認或——更確切些說——所剽竊了。但是，在他們中間幾乎找不出一個人，是肯公開承認這一觀點上的革命應歸功於摩爾根的。在英國，人們對他的著作總是盡可能採取不理睬態度，而對他本人則僅以寬大稱讚其從前著作的手法支吾搪塞；對於他記述中的個別細節拚命吹毛求疵，而關於他那眞正偉大的發現却緘默不言。古代社會一書第一版已經賣光了；美國對於這類東西是沒有應有的銷路的，英國一般人對於這本書大概是一貫排擠的，因而這部劃時代著作唯一尙有出售的版本便是德文譯本。

這種令人不能不認定是蓄謀抹煞的冷淡態度，尤其是如果注意到人們僅僅由於客氣關係才作出的許多引證，以及我們那些公認原始歷史研究者著述中充滿的那些表示同情的證據時，更是不能不如此認定，——這種冷淡態度究竟是由於什麼原因呢?是不是由於摩爾根是個美國人，而深使英國那班原始歷史研究者們感到難堪的是他們雖然在熱心搜集材料方面值得多方稱讚，但在綜合和整理這種材料所必要的一般觀點方面，即在思想方面，却不得不依靠兩個天才的外國人——巴竒芬和摩爾根呢？對於一個德國人，他們還可勉強容忍過去，而對於一個美國人，却就怎麼也不能行了！在對待美國人的時候，每個英國人便都成爲愛國主義者了，關於這點，我在美國看到了許多可笑的例子。況且麥克林南可說是英國原始歷史學派裏正式公認的創始人和領袖；在原始歷史研究方面，大家都已相習成風，只是以莫大敬意去談論他那從殺害嬰兒通過一妻多夫制、搶叔婚姻到達母權制家庭的人工編造歷史體系了；而若有人對於存在有絕對互不相容的族外婚『部落』和族內婚『部落』這點稍微表示懷疑，便被視爲擅敢崇尚邪說；因而把所有這些神聖教條打得粉碎的摩爾根，就算是犯了一種瀆聖罪了。並且，摩爾根用以打破這些教條的論據，一經說出來，人人都立即一目了然；以致一向束手無策徬徨於族外婚和族內婚之間的麥克林南的崇拜者，現在幾乎要痛心疾首大聲高呼道：我們爲什麼竟這樣愚蠢，自己沒有老早發現這點呢！

假使甚至這些罪過還不足以使官方學派冷淡地對待摩爾根的話，那末他罪惡貫盈的地方，就是他不僅對文明制度——商品生產社會，即現代社會基本形態——進行了像傅立葉所作的那種批評，而且還用只有馬克思才能說得出的話語講到了這一社會未來的改革。所以，麥克林南忿然責難摩爾根『根本憎惡歷史方法』，日內瓦教授吉羅條龍先生也於一八八四年確認這點，便是摩爾根該得的報應了。要知道，正是這位吉羅條龍先生在一八七四年(家庭的起源)還束手無策地徘徊於麥克林南的族外婚迷宮中，全仗摩爾根才得以擺脫出來呢。

關於摩爾根在原始歷史學方面的其他成就，這裏沒有考察的必要；凡關於這一方面所必需提到的，都在本書正文裏面指出了。自

一

從摩爾根的主要著作出版以來，迄今已有十四年之久，在這十四年間，關於原始人類社會歷史的資料，已大大豐富了；除了人類學者、旅行家及原始歷史的專門研究者以外，比較法律學家也參加了這方面的工作，他們一部分貢獻了若干新的材料，一部分帶來了若干新的見地。結果，摩爾根的若干個別假說已被動搖，或甚至被推翻了。不過，新蒐集的資料，不論任何地方都沒有排擠掉他具有重要意義的基本觀點。他在原始歷史研究上所提出的體系，在基本的要點上，至今還是有效的。甚至可以說，人們越是力謀隱匿摩爾根爲這一偉大進步的奠基者，則他的這個體系就愈益獲得大家的公認[1]。

弗利德里赫·恩格斯

一八九一年六月十六日，倫敦。

[1] 我於一八八八年九月間從紐約返歐途中，遇到一位認識摩爾根的前羅切斯特選區國會議員。可惜，關於摩爾根，他能告訴我的情況並不多。摩爾根曾以私人身份住在羅切斯特，專門從事自己的學術研究工作。他的兄弟是個上校，曾在華盛頓陸軍部服務；靠這位兄弟幫助，摩爾根得以使政府對他的研究感到興趣，並用公款出版了他的數種著作；我的這位交談者，在其任國會議員期內，據他說，也屢次爲此給摩爾根奔走過。（這是恩格斯加的附註）。

家庭、私有制和國家的起源

（一）史前文化階段

摩爾根是頭一個熟悉實情而試圖把人類史前時代弄出一個確定體系來的人，所以他所提供的分期法，在人們還沒有由於資料大量增多而必須提出一些修改以前，無疑是會始終有效的。

在三個主要時代——蒙昧期、野蠻期和文明期——中，其實只有前兩個時代以及向第三個時代的過渡時期才是他所感到興趣的。依照生活資料生產的進步，他又把這兩個時代中的每一時代分爲低級階段、中級階段和高級階段，因爲，如他所說的，『這一生產上的技巧，對於確定人類淩駕和支配自然的程度，是具有決定意義的；在一切生物中，只有人類達到了對於食物生產進行幾乎無限支配的地步。人類進步的一切偉大時代，是跟生存資源擴充的各個時代多少直接相符合的。』——與此並行的是家庭的發展過程，但這一發展過程對於時期的劃分沒有提供這樣顯著的標誌。

1. 蒙昧期

（一）低級階段。這是人類的童年時代。人們還生息於自己最初生息的地方，即生息於熱帶的或亞熱帶的森林中。他們至少是部分地住在樹上；只有這樣才可以說明他們能夠在大猛獸中間生存。他們以果實、堅果、根莖作爲食物；音節語言的發生是這一時期的主要成就。在有史時期所知道的各族人民中，已經沒有一族人民是處於這種原始狀態中的了。雖然這個狀態大概延續過數千年之久，然而我們却不能以直接的證據來證明它；但我們旣已承認人類起源於動物界，就不得不承認有這種過渡狀態存在過。

（二）中級階段。從實行把魚類（其中也包括蝦類、貝殼類及其他水棲動物在內）用作食物和使用火時開始。 這兩者互相聯繫着，因爲魚類食物只有用火才能做成完全可吃的東西。可是自從有了這種新食物，人們便不受氣候及地域的限制了；他們甚至在蒙昧狀態中，也可以沿着河流和海岸散佈在地球的大部分地面上了。早期石器時代的粗製的、未加琢磨的石器，即完全或大部分是屬於這一時期的所謂太古石器時代的石器，廣佈於一切大陸上，它們就是這種移居的證據。向新地區的移居和不斷的積極探索，由於能鑽木取火而得到了新的食物：如在熱灰和燒穴（地竈）中烘烤的含澱粉質的根莖和塊根，以及隨着最初武器即棍棒和戈矛的發明而成爲間或可得的附加食品的獵物。像書籍中所描寫的專事打獵的部族，換一句話說，只靠打獵爲生的部族，是從未有過的；靠獵獲物來維持生活是極其靠不住的。由於食物來源經常沒有保證，在這一時期大概發生了食人現象，這種現象後來保持頗久。澳大利亞人和許多玻里內西亞人至今還是處在這個蒙昧期中級階段。

（三）高級階段。從弓矢發明時開始，因爲有了弓矢，獵物便成了日常的食物，而打獵就成了一個正常的勞動部門。弓、絃和矢，已是一種很複雜的武器，其發明是需要有長期蓄積的經驗和銳敏的智力，亦即同時熟知其他許多種發明作爲前提的。如果把已具有弓矢、但尚沒有陶器術（摩爾根認爲陶器術是向野蠻期過渡的開始）的各個部族加以比較，我們的確可以看到按村落定居的若干萌芽，看到對生活資料生產的一定程度的嫻熟：如木製的容器和用具，用木質纖維作成的手工織物（沒有織機），用樹皮或蘆葦編成的籃子，以及琢磨成的（新石器時代的）石器。火和石斧大抵已經使製造獨木舟成爲可能，有的地方已經可能製造木頭和木板來建築房屋了。例如在美洲西北印第安人中間，我們就可以看到這一切進步，這些印第安人雖已使用弓矢，但還不知道陶業。 弓矢對於蒙昧期，正如鐵劍對於野蠻期和槍砲對於文明期一樣，乃是決定性的武器。

2. 野蠻期

（一）低級階段。從採用陶器術時開始。可以證明，在許多場合，也許是在一切地方，陶器術的發生是由於把編織的容器或木製的容器塗上一層黏土，使其能夠耐火。這樣，人們很快便發現出，成型的黏土不要內部的容器也可以用以達到這個目的。

在此以前，我們能把發展進程看作是一般性的，是對一定時期所有各族人民都不問其生活地域如何而同樣適用的。但是，自從野蠻期到來時起，兩個大陸在天然條件上的差異已具有意義了。野蠻期的特點，便是動物的馴養繁殖和植物的種植。這時，東大陸，即所謂舊大陸，擁有幾乎一切適於馴養的動物和一切(除一種以外)適於種植的穀物；而西大陸，即美洲，在適於馴養的一切哺乳動物中只擁有駱馬，並且只是在南部某些地方才有，而在一切可種植的穀類作物中，只擁有一種作物，不過這是最好的一種作物，即玉蜀黍。由於自然條件上的這種差異，每個半球上的居民從此就各自循着獨特的途徑發展，而表示各個發展階段的界標在兩個半球也就各不相同了。

（二）中級階段。在東大陸是從馴養家畜時開始，在西大陸是從藉灌溉栽培可供食用植物和在建築上使用阿多布（即用日光晒乾的磚塊）和石頭時開始。

我們先從西大陸說起，因為這裏在美洲尚未被歐洲人征服以前沒有一個地方越過了這個階段。

處在野蠻期低級階段上的印第安人（凡是住在密西西比河以東的都在他們之列），到他們被發現的時候，已有若干栽培在園子內的玉蜀黍作物，間或也有南瓜、甜瓜及其他園內植物，這些東西構成他們食物的極重要部分；他們住在木造的房子裏，在用木柵圍起來的村落中。西北各部落，特別是住在哥倫比亞河流域的各部落，尚處在蒙昧期高級階段上，他們既不知道陶器術，也不知道栽培什麼植物。 反之，新墨西哥的所謂蒲埃布洛的印第安人、墨西哥人、中美洲的居民以及秘魯人，到他們被征服時，都已處在野蠻期中級階段：他們住在用阿多布或石頭造成的類似城堡的房屋中，在人工灌溉的園子內栽培玉蜀黍及其他各種依所在地和氣候而不同的食用植物，這些東西是他們食物的主要來源，他們甚至已經馴養若干種動物：墨西哥人飼養吐綬鷄及其他禽類，秘魯人飼養駱馬。 並且，他們已經知道了金屬的加工，然而並不知道鉄的加工，因此他們還非用石製的武器和工具不可。西班牙人的征服中斷了他們任何進一步的獨立發展。

在東大陸上，野蠻期中級階段是從馴養供給乳和肉的動物開始的，而植物的栽培大概在這一時期內很久還是這裏的人所不知道的事情。牲畜的馴養和繁殖以及大畜羣的形成，大概是使雅利安人和塞姆人從其餘的野蠻大衆中分化出來的原因。在歐洲和亞洲的雅利安人中間，家畜的名稱還是共通的，而作物的名稱却差不多總是不同的了。

由於畜羣的形成，結果便在適宜的地方造成了遊牧生活：塞姆人在幼發拉底河和底格里斯河的草原上，雅利安人在印度草原、阿姆河和錫爾河流域草原、頓河和德涅泊爾河流域草原上。馴養動物一事最初大概是在這種牧區的邊界上辦到的。因此，後人就以爲遊牧部族起源的地方，乃是那實際上不僅不能成爲人類搖籃地，反而是幾乎不適於人類蒙昧祖先，甚至不適於處在野蠻期低級階段上的人們居住的地方。恰恰相反，自這些中級階段上的野蠻人習慣於遊牧生活以後，連想也不會想到從河谷的草原自願地回到他們祖先所住過的森林區域裏去。甚至當塞姆人和雅利安人更進一步被排擠到北部和西部的時候，在他們可能在這種不大適宜的土壤上栽培穀物以養活自己的牲畜（特別是在冬天）以前，他們决不會走向亞洲西部和歐洲那些森林地帶去。很可能，穀類的栽培在這裏首先是由於需要飼養牲畜所引起，只是後來才成了關係人類營養重要的事情。

雅利安人和塞姆人這兩個人種較爲順利的發展，大概是由於他們食物中肉乳豐富，特別是由於這種食物對兒童發育有着優良影響罷。的確，新墨西哥蒲埃布洛部落那裏不得不專食植物食品的印第安人，其腦子比處在野蠻期最低階段而多吃肉類和魚類的印第安人的腦子要小些。無論如何，在這個階段上，食人現象已逐漸消滅，它只當作宗敎儀式或當作魔法（在這裏兩者是幾乎相等的）才保存着。

（三）高級階段。從鉄礦熔鍊時開始，並且經過發明文字和利用文字記載語言創作而轉入文明期。這一階段，如前邊已經說過的，只是在東半球上才獨立經歷過，它在生產上的進步比過去一切階段總共計算還要豐富。英雄時代的希臘人，在羅馬建立前不久的意大利人部落，塔次特時代的日耳曼人，海賊時代的諾曼人，都屬於這個階段。

首先，我們在這裏初次看見用家畜拖曳的鉄鏵犂；自有這種犂以後，大規模的土地耕種業，田間耕作業，從而生活品在當時條件下幾乎毫無限制的增加，便都有可能了；其次，我們在這裏看見淸除森林來用作爲耕地和牧場，而這也是除非有鉄斧和鉄鍬便不能大規模地進行。同時，人口也急速增殖起來，極其稠密地在不大的地域內聚居下來。在開始田野耕作以前，一定要有非常特殊的條件，才能把半百萬人聯合在一個統一的中央指導下；這大概是從來也沒有過的。

野蠻期高級階段的全盛時期，我們在荷馬的詩篇中，特別是在伊里亞特中，可以見到。 改進過的鉄器、風箱、手搗臼、陶工轆轤、榨油和釀酒、業已發達而轉爲藝術手工業的金屬加工、貨車和戰車、用木頭和木板造船、建築藝術的萌芽、設有雉堞牆垣和砲樓的城堡，荷馬叙事詩以及全部神話——這就是希臘人由野蠻期移交給文明期的主要遺產。我們若把愷撒，甚至塔次特對那些日耳曼人，對那些處於荷馬時代的希臘人預備進入更高階段的那個文化階段初期的日耳曼人所作的記述，拿來跟這種成就作一比較，便可看出，野蠻期高級階段在生產的發展上已有何等巨量的成就了。

我在這裏按照摩爾根繪出的一幅表明人類經過蒙昧和野蠻期發展到文明期初葉的圖景，已經包含有很多新的，並且——這更其重要——不可爭辯的特徵，因爲這些特徵都是直接由生產中取得的。但是，這幅圖景跟我們將在遊歷終結時看見的那幅圖景比較起來，終究是會顯得太黯澹和可憐的；那時才可能充分說明由野蠻期過渡到文明期以及其間懸殊的情形。我們暫時可把摩爾根式的分期法概括如下：蒙昧期——以採集天然現成產物爲主的時期，這時人所造出的產品主要是用作這種佔有方法的輔助工具的。野蠻期——經營牧畜業和農業的時期，學會靠人類活動增加天然產物生產時期。文明期——學會對天然產物進一步加工時期，有眞正工業和藝術出現的時期。

（二）家　庭

摩爾根在至今還生息於紐約州的易洛魁人中間度過了自己大半部生活，並且在他們某一個部落（塞奈卡部落）中做過養子，他在他們那裏發現了一種跟他們的實際家庭關係相矛盾的親族制度。易洛魁人中間盛行着摩爾根稱爲『對偶家庭』的雙方容易離異的專一婚制。因此，這種夫妻配偶的後裔，是衆所週知和大家公認的：關於對誰應該用父親、母親、兒子、女兒、兄弟、姊妹等稱呼，決不會發生疑問。但是，這些稱呼的實際使用，却與此相矛盾。易洛魁人的男子，不僅把自己親生的孩子稱爲自己的兒子和女兒，並且把他兄弟的孩子也稱爲自己的兒子和女兒，而他們稱他爲父親。但是，他把自己姊妹的孩子稱爲自己的外甥和外甥女，而他們稱他爲舅父。相反，易洛魁人的女子，把自己姊妹的孩子和她自己親生的孩子一起稱爲自己的兒子和女兒，而他們稱她爲母親。但是，她把自己兄弟的孩子稱爲自己的姪兒和姪女，而她自己被稱爲他們的姑母。同樣，兄弟的孩子們互稱爲兄弟姊妹，姊妹的孩子們也互稱爲兄弟姊妹。相反，一個女人的孩子和她兄弟的孩子，則互稱爲從兄弟和從姊妹。這並不是一些空洞的稱呼，而是對血統親疏同異關係流行觀點的表現；這種觀點乃是一個已經完全確定的親族制度的基礎，而這個親族制度又可以表現各個人數百種不同的親族關係。不止於此，這個制度不僅在美洲所有一切印第安人中普遍流行（至今還沒有發現過什麽例外），而且在印度各處最古居民中，在德干的杜拉維德部落和印度斯坦的羔拉部落中，也差不多毫無變更地流行着。印度南部的泰米爾人和紐約州的塞奈卡一易洛魁人所用以表示親族關係的名稱，至今在二百多種不同親族關係上還是彼此相同。在印度這些部落中間，正和在美洲一切印第安人中間一樣，由現行家庭形式所發生的親族關係，也跟親族制度相矛盾。

這一點應怎樣來解釋呢？　既然親族關係在一切蒙昧人民和野蠻人民的社會制度中起着決定作用，我們便不能單用幾句話來交代這一如此廣泛流行的制度。在美洲所公認的制度，在人種全然不同的亞洲各處人民中間也存在着，並且在非洲和澳洲各地也往往以多少改變了的形態存在着，——這種制度需要從歷史上來說明；決不能像麥克林南所企圖作的那樣，用幾句話來交代它。父親、孩子、兄弟、姊妹等稱呼不僅是一些表示尊敬的稱呼，而且是一種要求担起一些完全確定和異常鄭重的相互義務的稱呼，而這些義務的總和便構成各處人民中間的社會制度重要的部分。解釋終於找到了。在散得維赤（夏威夷）羣島上，本世紀上半期還存在有一種家庭形式，其中所有的父親和母親、兄弟和姊妹、兒子和女兒、伯叔父和伯叔母、姪子和姪女等稱呼，正像美洲和古印度那裏的親族制度所需要的一樣。然而，眞是奇怪！　夏威夷羣島上流行的親族制度，又是跟該地實際存在的家庭形式不相符合的。就是說，那裏凡屬兄弟姊妹的孩子，毫無例外都被認爲是兄弟和姊妹，並且不僅被認爲是自己母親及其姊妹或自己父親及其兄弟的共同的孩子，而且籠統被認爲是自己雙親的一切兄弟姊妹的共同的孩子。因此，如果說美洲的親族制度是以在美洲已經不存在，而在夏威夷羣島上尚可確實找到的比較原始的家庭形式爲前提，那末，另一方面，夏威夷的親族制度却指出有過一種更加原始的家庭形式。誠然，這種更加原始的家庭形式的存在，我們已經在任何地方都不能加以證實，但它一定存在過，否則那種跟它相應的親族制度就會不能發生了。『家庭——摩爾根說——是個積極的要素；它從不停滯不前，而是隨着社會由較低的階段發展到較高的階段，從較低的形式進到較高的形式的。反之，親族制度却是消極的；它只有經過一段長久的時期才把家庭的演進記錄下來，而且只有在家庭已經發生了劇烈的變化時才發生劇烈的變化。』『同樣，——馬克思補充說，——政治的、法律的、宗教的、哲學的體系，一般都是如此。』當家庭繼續活着的時候，親族制度便僵化起來；而當後者成爲慣例繼續存在的時候，家庭却越過它的範圍了。居維葉曾根據巴黎附近所發現的有袋動物骨骼的碎片，確實可靠地推論出這種骨骼係屬於有袋動物，並斷定那裏曾經有過這種已經絕跡的有袋動物，——我們根據歷史上所傳下來的親族制度，也可以同樣確實可靠地斷定存在過一種適應於這個制度的業已絕跡的家庭形式。

剛剛講過的親族制度和家庭形式，跟現在盛行的親族制度和家庭形式不同的地方，就在於每個孩子有幾個父親和母親。按照美洲那裏跟夏威夷島上家庭相適應的親族制度，兄弟和姊妹不能成爲同一孩子的父親和母親；反之，夏威夷島上的親族制度，却以通常都是這種情形的家庭爲前提。在這裏，我們看到了一系列跟那些迄今通常認爲唯一有效形式正相抵觸的家庭形式。傳統的觀念只知有專一婚制，以及男子多妻制，甚或女子多夫制，同時却——正如道貌岸然的庸人所該作的那樣——把實踐總是悄悄而橫蠻逾越官方社會所設範圍的事實完全隱瞞不說。反之，原始歷史的研究向我們表明的情況，却是男子過着多妻的生活，而他們的妻子同時也過着多夫的生活，所以雙方的孩子都被認爲是他們大家共有的孩子；這種情況在完全轉向專一婚制以前，又經歷了許多變化。這些變化是這樣的：共同婚姻關係所包括的人數，起初是很廣大的，後來越加縮小下去，直到最後只留下今日流行的成對夫婦爲止。

摩爾根在這樣回溯家庭歷史時，跟他的大多數同僚一致得出了一個結論，說存在過一種原始情況，當時部落內部盛行着毫無限制的性交關係，即每個女性屬於每個男性，而每個男性也屬於每個女性。還在上一個世紀就有人說過這種原始情況，但也只是泛談一下罷了；只有巴荷芬才頭一個——而這也就是他的一大功績之所在——認眞對待了這個問題，並在歷史和宗教的傳說中尋找了這種原始情況的痕跡。現在我們知道，他所找出的這些痕跡，使我們並不是回顧到雜亂性交關係的社會階段，而只是回顧到較晚得多的一種形式，即羣婚制。上述那個原始社會階段，即使確實存在過，也是屬於非常遼遠的時代，以致在社會發展的遺跡中間，在發展程度落後的蒙昧人中間，未必可以找到證明它在過去存在過的直接證據。巴荷芬的功績便在於他把這個問題的研究提到了重要的地位上[1]。

最近以來，否認有這種人類性生活初期階段存在過的說法已成爲一種時髦了。人們想使人類免去這一『恥辱』。同時這裏人們不僅藉口說缺乏任何直接證據，而且還特別援引着其他動物界的例子；

[1] 巴荷芬旣把這種原始情況叫做淫婚，也就是表明他多麼不瞭解他所發現的或——正確些說——所猜到的究竟是什麼東西了。希臘人開始使用『淫婚』這個名詞，是用以表示未婚男子或過着專一婚生活的男子跟未婚女子發生性交關係；這種情況總是以存在有一定的婚姻形式作爲前提，而這種性交關係就是在該種婚姻形式以外發生，並且包含有至少作爲可能性存在的賣淫現象。這個名詞從來沒有在別種意義上使用過，而我跟摩爾根就是在這種意義上加以使用的。巴荷芬所作出的一些極端重要發現，處處都被他自己那種虛構弄得異常神秘化，彷彿歷史上發生的男女關係總是起源於人們的相應的宗教觀念，而不是起源於人們的現實生活條件哩。（這是恩格斯加的附註。）

關於後者，列杜諾（婚姻和家庭的進化，一八八八年出版[1]）曾搜集了許多事實，表明完全雜亂的性交關係在這裏也是低級發展階段所固有的。但是，我從這一切事實中只能得出一個結論，即它們對於人類及其原始生活條件絕對不能證明什麽東西。脊椎動物的長期配偶共居生活，可以用生理的原因來充分說明：例如在鳥類方面是由於雌鳥在孵卵期間需要扶助；在鳥類方面所見到的嚴格一夫一妻制例子，對於人類絲毫不能有所證明，因爲人類並非起源於鳥類。如果說嚴格的一夫一妻制是各種美德的最高峯，那末第一把交椅就應當屬於絛蟲了，因爲絛蟲在其五十至二百個關節或體節的每一節中，都有其完備的雌雄性器官，終生都是在每個體節中自行交合的。若是單就哺乳動物而論，我們在這裏就可看到一切性生活形式——雜交，類似羣婚制，一夫多妻制，專一婚制；所缺乏的只是那只有人才可辦到的一妻多夫制。甚至我們的近親——獼猴類，在雌雄的配合上也表現出一切可能有的差別；如果再縮小範圍，僅僅考察一下四種類人猿，那末這裏列杜諾只能說它們那裏有時是一夫一妻制，有時又是一夫多妻制，而索雪爾却根據吉羅條龍意見斷定說它們是一夫一妻制。最近威斯特馬克（人類婚姻史，一八九一年在倫敦出版[2]）關於類人猿一夫一妻制的斷語，也還遠不能作爲證據。總之，所有的材料都是如此，致使誠實的列杜諾不得不承認說：『然而，在哺乳動物那裏，智力發展程度和兩性結合形式間並沒有嚴格相應關係。』而厄斯皮那斯（論動物的社會，一八七七年出版[3]）更率直地說：『羣是我們在動物中所能看到的最高的社會集團。

---

[1] Letourneau Ch., L'évolution du mariage et de la famille, Paris, 1888.——編者註。

[2] Westermarck E. A., The history of human marriage, London, 1891.——編者註。

[3] Espinas A., Des sociétés animales. Etude de psychologie comparée. Paris, 1877.——編者註。

它大概是由家庭所構成，但家庭和羣自始就處在互相對抗形勢中，它們是成反比例地發展着。』

從上述一切中已可看出，我們關於類人猿的家庭集團及其他社會集團還沒有絲毫確定的知識，關於這個問題的各種材料都是直接互相矛盾。這也沒有什麼奇怪的地方。甚至我們關於蒙昧人類部落所有的材料，也是如何相互矛盾，如何需要批判地加以檢驗和精選呵！而觀察猿猴社會，比觀察人類社會還要困難得多。因此，凡根據這樣絕對不可靠的材料作出的任何結論，目下我們都應該加以駁斥。

反之，上面所引的厄斯皮那斯的說法給了我們一個更牢固的支點。高等動物的羣和家庭並不是互相補充，而是相互對立的。厄斯皮那斯很清楚地指明了，在交尾期內，雄性方面的嫉妒是怎樣削弱羣中的任何社會聯繫，或者暫時打斷這一聯繫。『凡家庭親密團結的地方，羣只是一種稀有的例外。相反，凡有自由性交關係或一夫多妻制盛行的地方，羣差不多是自行組成的…爲了使羣能夠組成，家庭的繫帶必須放鬆，個體必須重新自由。因此，我們在鳥類那裏極少見到有組織的羣…反之，我們在哺乳動物那裏所以能發現相當有組織的社會，正是因爲這裏個體沒有被家庭所吞沒…因此，羣的集體感在其發生時的敵人，莫大於家庭的集體感。我們直截了當地說：如果有一個比家庭更高的社會形式已發展出來了，那就只是因爲這個社會形式已把各個受過根本變化的家庭溶化於自身中，並且可能正是由於這一點，那些家庭以後在無限優越的條件下能夠重新組織起來。』（厄斯皮那斯，第一章；這裏轉引自吉羅條龍的婚姻和家庭的起源，一八八四年出版[1]，第五一八至五二〇頁）。

由此可見，動物社會雖然對於推斷人類社會具有若干意義，但

[1] Giraud-Teulon A., Les origines du mariage et de la famille. Genève, 1884.——編者註。

也只是否定性的意義。就我們所知，高等脊椎動物那裏只有兩種家庭形式：一夫多妻制和個別成對同居制；在前後兩種場合，都只容許有一個成年的雄者，只容許有一個丈夫。雄者方面的嫉妒心既聯系着而又限制着動物家庭，就使這動物家庭跟羣對立起來；由於雄者方面的嫉妒心，所以作爲同居生活最高形式的羣在一種場合無法成立，在別種場合陷於動搖，或是在交尾期間暫時解體，至少是在進一步發展方面受到阻碍。單是這一事實已足證明：動物家庭和原始人類社會是兩種不能相容的東西；原始人類脫離動物狀態時，若不是全然沒有家庭，至多也只有動物界中所看不到的那種家庭。像處在形成過程中的人這樣毫無防衛能力的動物，在彼此隔絕的條件下，即以對偶爲羣居最高形式的條件下，如像——威斯特馬克根據獵人報告所說——大猩猩和黑猩猩那樣生活着，有少數還能夠繼續生存下去。但是，爲了在發展過程中脫離動物狀態，並實現自然界中最偉大的進步，却還需要有一種因素：個體力量不足以進行自衛的缺陷，需要用羣的聯合力量和集體行動來彌補。根據今日類人猿生活的條件來看，向人類狀態轉變一事簡直不可說明；這種類人猿所給予我們的印象，毋寧說好像是一些分出了的旁系，注定要逐漸絕種，至少也處在衰落狀態中哩。只此一點，已足使人不要把它們的家庭形式和原始人的家庭形式相提並論了。成年雄者的相互容忍，嫉妒的消除，乃是巨大長久的集團得以形成的首要前提，而動物轉變爲人的過程是只有在這種集團內才能實現的。的確，我們發現什麽是可確切證明，並且現在某些地方還可加以研究的歷史上存在過的最古老最原始的家庭形式呢？ 這種婚姻形式就是羣婚，那時整羣男性和整羣女性互爲所有，很少有嫉妒的餘地。其次，在較晚的一個發展階段上，我們發現出跟其他形式不相容的一妻多夫制形式，這種形式是更有力地打擊一切嫉妒情感，因而是爲動物所沒有的。不過，我們所知道的羣婚形式，都伴有如此特別複雜的情況，以致它們必然會叫我們想到各種更早、更簡單的兩性關係的形式，從而，歸根到底，叫我們想到跟由動物狀態轉向人類狀態的過渡相適應的雜亂的性交關係的時期；因此，動物婚姻形式的引證，便使我們正是回到它們要引導我們永遠離開的那一點上去了。

那末所謂『雜亂的性交關係』究竟是什麽意思呢？這就是說，現在或較早時期通行的禁例在那時是沒有效力的。我們已經看到，由嫉妒心所造成的限制是如何崩潰了。如果說有什麽已經確定了的話，那末這就是：嫉妒心是一種較後發展起來的情感。關於血族通姦的觀念，也可說是如此。不僅起初兄弟姊妹曾作過夫婦，即父母和子女間的性交關係今日在許多部族中也還是許可的。據班克洛夫特（北美太平洋沿岸各州的土著部落，一八七五年出版，第一卷[1]）證明，在白令海峽的卡維亞特人那裏，在阿拉斯加附近的卡吉亞克人那裏，在英屬北美洲內地的廷湼人那裏，都有着這種關係；據列杜諾作的報告，在斥北韋族的印第安人那裏，在智利的庫庫斯人那裏，在加勒賓人那裏和印度支那的卡稜人那裏，也有同樣的事實；至於古代希臘人和羅馬人關於帕提安人、波斯人、西徐亞人、匈奴人等的故事，在這裏更不用說了。　在血族通姦尙未發現之前（這是一種發現，並且是極其寶貴的發現），父母和子女間的性交關係所能引起的憎惡，並不大於不同輩的人們中間的性交關係；後者即在今日最庸俗的國度裏也是可以遇到，並且不使人如何感到驚訝的；甚至年過六十的老『處女』，如果她們十分有錢的話，有時也可以配上一個三十來歲的年輕丈夫。但是，假使我們從我們所知道的最早的家庭形式上拋棄那跟它們有關的血族通姦的觀念，——這種觀念跟我們現在的觀念完全不同，而且往往跟我們現在的觀念直接相衝突，——那末我們就得出一種僅可以叫做雜亂的性交關係形式了。其所以說雜亂，是因爲當時還沒存在有後來由習慣所規

[1] Bancroft H. H., The native races of the pacific states of North America. Vol. I—V. New York, 1875—1876.——編者註。

定的那些限制。但是由此還不能得出結論，說在日常實踐中兩性關係必然是雜亂的。各對配偶的暫時結合，像現在甚至在羣婚中也構成大多數場合一樣，並不是不可能的情形。威斯特馬克是否認這種原始狀態的研究者中最新的一個，如果他把凡是兩性在生孩子以前保持姘居的場合都叫做婚姻，那就應該說，這種婚姻在雜亂性交關係狀態下也是完全可能存在，而跟雜交狀態卽缺乏由習慣所規定性交關係限制的狀態不相抵觸。誠然，威斯特馬克是以如下一種見解爲出發點，卽認爲『性交關係的雜亂性含有對個人情慾的壓抑』，因而『它最眞實的形式是賣淫』。反之，在我看來，如果戴着妓院眼鏡去觀察原始狀態，那便不能對它有任何的理解。讓我們在研究羣婚時回頭談到這個問題吧。

照摩爾根的意見，從這種原始的雜亂性交關係狀態中，大概是很早就發展出了如下幾種家庭形式：

（一）**血緣家庭**——這是家庭的第一個階段。在這裏，婚姻集團是按照輩行區分的：同一家庭範圍內所有的祖父和祖母，都是互爲夫妻；他們的子女，卽父親和母親，也都是互爲夫妻；同樣，後者的子女構成第三個共同夫妻集團，而他們的子女，卽第一輩的曾孫們，又構成第四個集團。所以，在這種家庭形式中，只是在祖先和子孫間，在父母和子女間，才不容有夫婦間的相互權利和義務（用現代的說法）。兄弟姊妹——同胞兄弟姊妹、從兄弟姊妹，再從兄弟姊妹等——彼此都算是兄弟姊妹，**因此也**就一概互爲夫妻。兄弟姊妹的親族關係，在家庭的這一階段上，是把相互的性交關係作爲一種當然現象包括在內[1]。這種家庭的典型例子，便會是一對配偶的後裔中每一代人都互爲兄弟姊妹，因而也就互爲夫妻哩。

這種血緣家庭已經絕跡了。甚至在歷史上最蒙昧的人民中間，

---

[1] 馬克思在一八八二年春季所寫的一封信中以極嚴厲的語調批評了瓦格涅爾的尼柏隆根之歌中對於原始時代的完全曲解。歌詞中說：『誰曾聽說有阿哥擁抱妹妹

也找不出這種家庭的一個無可爭辯的例子來。不過，使我們不能不承認這種家庭一定存在過的，有夏威夷的親族制度，它至今還通行於全部玻里內西亞，表現着那些只有在這種家庭形式下才能發生的血緣親族等級；家庭以後的全部發展也使我們必須承認這一點，因爲這種發展須以這一家庭形式的存在作爲必要的最初階段。

（二）『普那路亞』家庭。如果家庭組織上的頭一個進步是在於從相互的性交關係中排除了父母和子女，那末第二個進步便在於從這一關係中排除了姊妹和兄弟。後一進步，由於當事者的年齡更加相近，故比前一進步更爲重要得多，但也困難得多。後一進步是逐漸實現的，大概先由排除同胞（卽母方）兄弟姊妹間的性交關係開始，起初是在個別場合下，以後漸成爲慣例（在夏威夷羣島上，在本世紀尚有例外），到最後便甚至禁止旁系兄弟姊妹間的結婚，用現代的稱謂說，卽禁止同胞兄弟姊妹的子女、孫子以及曾孫

做妻子的事情呢？』瓦格涅爾的這些『色情之神』，完全是以現代方式，用一些血族通姦事例來使自己的艷事變得更加引人入勝的。馬克思曾向他們回答道：『在原始時代，姊妹曾作過妻子，而這是合乎道德的。』（這是恩格斯加的附註。）

瓦格涅爾的一位法國友人和崇拜者，不同意這句評語，說早在更古的厄達中（瓦格涅爾卽以此爲根據），卽在厄革斯德列克中，羅歧神就曾指責福雷亞女神說：『在諸神面前，你擁抱了自己的哥哥。』由此彷彿可以看出，兄弟和姊妹間的結婚在那時候已被禁止了。不過，厄革斯德列克乃是對古代神話完全喪失信仰的那個時代的表現；這是對於諸神作出的純粹盧基安式的諷刺。如果羅歧神作爲麥菲斯托費里還對福雷亞女神加以這樣的非難，那末這倒是反對瓦格涅爾哩。而且在後邊數行詩句中，羅歧神向諾爾特神說道：『你同你的妹妹生了（這樣的）一個兒子。』（vidh systur thinni gaztu slikan mög）。誠然，諾爾特神不是屬於亞薩神，而是屬於瓦那神；他在英格林傳說中說，兄弟和姊妹間的結婚在瓦那神中間是通行的，但在亞薩神中間則並不如此。這可以表明，瓦那神比亞薩神還要更古。無論如何，諾爾特神是作爲一個跟亞薩神同等的神生活在他們中間的，因此厄革斯德列克不如說是一個證據，證明在挪威關於諸神的傳說發生的時代，兄弟和姊妹間的結婚，至少在諸神中間，尙未引起絲毫的憤怒。要是想爲瓦格涅爾辯護，與其引用厄達，倒不如引用歌德來得好。歌德在關於神和舞女的叙事詩中，關於宗教上婦人在寺院中委身男子的義務方面也犯了同樣的錯誤，他過於把這種風俗習慣比作現代的賣淫了。（這是恩格斯爲第四版加的附註。）

間的結婚；按照摩爾根的看法，這一進步可以作爲『自然淘汰原則怎樣發生作用的最好例證』。不容置疑，凡血族通姦因這個進步而受限制的部落，一定比那些依然把兄弟姊妹間的結婚當作慣例和義務的部落發展得更加迅速，更加完全。關於這一進步的影響多麼強大，有由這一進步直接引起並且遠遠超出原來目的的氏族成立事實作證明，因爲氏族構成地球上縱非全部也是大多數野蠻部族的社會制度的基礎，並且我們在希臘和羅馬那裏是由氏族直接進入文明時代的。

每個原始家庭，至遲經過數代後一定都要解體。原始共產制公共家庭經濟，毫無例外地一直盛行到野蠻期中級階段的後期，它決定了家庭公社依條件而變更的，但在每一特定地方總是多少固定的最大限度的規模。不過，當同母所生的子女之間不許有性交關係的觀念一經發生，這一定要影響於舊家庭經濟公社（Hausgemeinden）的分裂和新家庭經濟公社的成立（這種公社不一定要和家庭集團相一致）。於是一系或者數系姊妹成爲一公社的核心，而她們的同胞兄弟則成爲別一公社的核心。摩爾根所稱爲『普那路亞』的家庭，便經過這樣或類似的途徑而由血緣家庭產生出來了。按照夏威夷的習慣，若干姊妹——同胞的或遠房的（從姊妹，再從姊妹等）——曾爲她們共同丈夫們的共同妻子，然而這些共同丈夫是不包括她們的兄弟在內的；這些丈夫彼此已不再互稱爲兄弟——他們也已再沒有必要作兄弟了，——而是互稱爲『普那路亞』，即親密的伴侶，即所謂 associé。同樣，一系兄弟——同胞的或遠房的——則跟若干女性（只要不是自己的姊妹）共同結婚，這些女性也互稱爲『普那路亞』。這乃是典型的家庭結構形式（Familienformation），後來它已遭受了一系列的改變，而其主要的特徵就是在一定的家庭範圍內相互共夫共妻，但這個家庭範圍是把妻子的兄弟（起初是同胞的，以後更及於遠房的）除外，另一方面是把丈夫的姊妹也除外。

這種家庭形式就向我們十分精確地表明出那在美洲制度中得到表現的親族等級。我母親的姊妹的子女也還是我母親的子女，同樣，我父親的兄弟的子女也還是我父親的子女，因此他們都是我的兄弟和姊妹；但是我母親兄弟的子女，現在已是我母親的姪子和姪女，我父親姊妹的子女已是我父親的姪子和姪女，因此他們都是我的從兄弟和從姊妹了。的確，當我母親的姊妹的丈夫也還是我母親的丈夫，同樣，我父親兄弟的妻子也還是我父親的妻子的時候——如果在事實上不一定常常如此，而在法律上却總是如此，——由於社會對於同胞兄弟姊妹間的性交關係的非難，兄弟姊妹的子女（本來是毫無差別地被認爲是兄弟姊妹的）便劃分成了兩類：一類是相互間仍舊爲兄弟姊妹（遠房的），另一類，卽一方面兄弟的子女和另一方面姊妹的子女，已經不能作兄弟姊妹，已經不能有共同的父母了——既不能有共同的父親，也不能有共同的母親，也不能有共同的雙親；因此，在這裏，首次發生了姪子和姪女、從兄弟和從姊妹序列的必要，這種序列在從前的家庭制度下是不會有任何意義的。美洲的親族制度，在任何以某種專一婚制爲基礎的家庭形式下看來似乎是純粹荒誕無稽的，而它在『普那路亞』家庭中，却連極細微的地方，都獲得了合理的解釋和自然的根據。『普那路亞』家庭或與它類似的形式，至少也應該是在美洲親族制度流行過的程度內存在過。

倘若虔誠的教士，像美洲過去的西班牙僧侶一樣，能夠在這種反基督教的關係中看出一種不單是『嫌惡』[1]的東西，那末關於這一家庭形式（已證明它確實存在於夏威夷羣島上），我們大概從全部玻里內西亞都會得到材料的。如果愷撒告訴我們，說當時處在野

[1] 巴哥芬所認爲是他所發現的那種雜亂性交關係的遺跡，卽他那所謂«Sumpfzeugung»（汚泥生殖），是歸結爲羣婚制的，現在關於這一點再不容懷疑了。『要是巴哥芬認爲這種『普那路亞』婚姻是『非法的』話，則那一時代的人也許要認爲今日父系或母系近親遠親結婚多數都像血族兄弟姊妹結婚一樣，是血族通姦了。』（馬克思語）。（這是恩格斯加的附註。）

蠻期中級階段的不列特人，『每十個或十二個男子是有共同的妻子的，而且多半是兄弟和兄弟，父母和子女』，那末這最好解釋作羣婚。野蠻時代的母親，不會有十個至十二個年長到能有共同妻子的兒子，而美洲親族制度（它是跟『普那路亞』家庭相適應的）却有好多兄弟，因爲每個男子所有一切從兄弟和較疏遠兄弟都是他的兄弟。愷撒說到『父母和子女』時，大概是弄錯了；誠然，這個制度並沒有絕對排斥父子或母女處在同一婚姻集團內的可能性，但是它却不許父女或母子處在同一婚姻集團內。同樣，這種或和它類似的羣婚形式，很容易說明希羅多德及其他古代作家關於蒙昧人民和野蠻人民中間共妻情況的敘述。瓦特遜和卡耶（印度的居民[1]）關於奧士（在恒河以北）的蒂庫爾人情況的敘述也是如此：『他們結成大公社，差不多隨便共同生活（即在性交關係上），要是他們之間有二人被視爲夫妻，那末，這個婚姻聯繫也不過是有名無實而已。』

氏族制度在絕大多數場合，大概是從『普那路亞』家庭中直接發生的。 誠然，澳大利亞人的等級制度[2]也可以作爲氏族的出發點：澳大利亞人有氏族，但他們還沒有『普那路亞』家庭，而只有更粗野的羣婚形式。

在一切羣婚家庭形式下都不知道誰是孩子的父親，但却知道誰是孩子的母親。即使母親把共同家庭的一切孩子都叫做自己的孩子，對於他們都擔負有母親的義務，但她仍然把她自己親生的孩子和其餘一切孩子區別開來。由此可知，只要存在着羣婚，那末血統就只能從母親方面來確定，因而受公認的也只有母系。在一切蒙昧人民以及處在野蠻期低級階段的人民中，確實是這種情形；巴霍芬的第二個大功績，就在於他頭一個發現了這一點。他把這種單只由母親

[1] Watson J. F. and Kaye J. W., People of India. Vol. I—VI. London, 1868-1872.——編者註。

[2] 在這裏以及後面，作者所指的是澳大利亞土人的大婚姻集團。——編者註。

方面確認血統和逐漸由此發展起來的承繼關係叫做母權制；爲了簡便起見，我仍然保留這一名稱；不過它不大恰當，因爲在社會發展的這一階段上，還談不到法律意義上的權利。

如果我們現在從『普那路亞』家庭方面取其兩個典型集團中一個集團來說，即取由各同胞姊妹和遠房姊妹（即由同胞姊妹所生出的第一、第二或更遠後代的姊妹）連同其子女及其母方同胞兄弟和遠房兄弟（他們照我們的假定是不爲她們作丈夫的）組成的集團來說，那末我們所看到的將正是後來作爲原始氏族成員的那一批人。他們全體有一個共同的始祖母；由於出自同一個始祖母，每一後代的女性都是姊妹。但這些姊妹們的丈夫，已經不能是她們的兄弟，不能是出自這個始祖母，因而也就不包括在後來成爲氏族的這個血緣集團內；然而他們的子女是屬於這個集團的，因爲只有唯一確知的母系方面的血統才具有決定的作用。自從有禁止一切兄弟姊妹間，甚至母方旁系最遠房親族間發生性交關係的禁例確定時起，上述的集團便轉化成爲氏族，即確立成爲由一些彼此不能結婚的女系血統親族人員組成的固定集團，這種集團從此就愈益由其他種種共同的社會體制和宗教體制鞏固起來，並且跟同一部落內的其他氏族區別開來。關於這一點，下面還要較詳細地說明。但是，既然我們看到氏族不僅是不可免地，並且是自然而然要從『普那路亞』家庭發展起來，那末我們就有理由認爲，凡有過氏族體制表現的各處人民中間，即差不多一切野蠻人民和文明人民中間，都曾有這種家庭形式存在的事實，原是幾乎毫無疑義的了。

當摩爾根寫他那部著作的時候，我們關於羣婚的知識還是非常有限的。關於組成等級的那些澳大利亞人中間的羣婚制略略知道一點，此外就是摩爾根早在一八七一年已發表了他所得到的關於夏威夷『普那路亞』家庭的材料。『普那路亞』家庭，一方面對美洲印第安人中間流行的那種成爲摩爾根全部研究工作出發點的親族制度給了一個完備的說明；另一方面，它又作了一個可藉以推論出母權氏族的現成出發點；最後，它乃是比澳洲等級制度更高的一個發展階段。因此，摩爾根把這個形式視為對偶婚以前所必要的一個發展階段，並硬說它在太古時代曾普遍流行，是可以理解的。從那時起，我們已獲悉了許許多多其他的羣婚形式，現在我們知道摩爾根在這裏是走的太遠了。不過，他終究在其『普那路亞』家庭中幸而碰到了最高的典型的羣婚形式，即碰到了正可用以最簡易說明向更高形式過渡的那個形式。

使我們關於羣婚的知識特別豐富起來的，是曾在這個家庭形式的典型地帶澳洲那裏把它研究過多年的英國傳教士羅里麥·費遜。他在澳洲南部蒙特干皮區域的澳洲黑人中發現了最低的發展階段。這裏全部落分為兩大等級：克洛基和庫米德。每一個等級內部嚴格禁止性交關係；反之，此一等級中每個男性生來就是別一等級中每個女性的丈夫，後一等級中每一個女性生來就是前一等級中每一個男性的妻子。不是單獨的個人，而是整個的集團發生婚姻關係，即一個等級跟另一個等級通婚。應當指出，這裏除了兩個族外婚等級的劃分所造成的限制以外，不論年齡上的差別或近親的血統關係，都不能成為性交關係的阻礙。庫米德的每個女性，對克洛基的任何男性，都是他的當然的妻子；但是，他的自己的女兒，既是庫米德女性所生，根據母權說來也算為庫米德，那末，她因此生來就是每個克洛基的妻子，從而也就是自己的父親的妻子。不論如何，就我們所知道的那種方式的等級組織，對於這一點是沒有設下障碍的。所以，或者是在這種組織發生的時期，雖然人們已有限制血族通姦的朦朧意向，但是還沒有把父母和子女間的性交關係看作什麽可怕的事情，——在此場合，等級制度就是從雜亂性交關係狀態中直接發生的；或者是當婚姻等級發生時，父母和子女間的性交關係業已為習慣所禁止，——在此場合，當前的狀態就表明先前存在過血緣家庭，並且它就是消除血緣家庭的第一步。後一場合是較為可靠的。就我所知，澳洲那裏父母和子女間性交關係的例子，還沒有人引舉過；而較晚一些的族外婚形式，母權氏族，也照例是默然認爲在氏族發生時已存在過禁止這種性交關係的情況作爲前提哩。

兩等級分立制度，除了澳洲南部蒙特干皮區域以外，在此地以東的達令河流域和東北部昆士蘭也是有的，所以這個制度通行頗廣。它僅不容許母方各兄弟姊妹間、各兄弟的子女間以及各姊妹的子女間相互通婚，因爲他們都是屬於同一等級的；反之，各姊妹的子女和各兄弟的子女却能相互通婚。在禁止血族通姦方面更進一步的步驟，可以在新南威爾斯境內達令河流域的卡米拉羅依部落中間看到，那裏兩個原始等級分裂爲四個，並且這四個等級中每一等級又都全體跟其他某一個等級結婚。最初的兩個等級生來就是互爲夫妻；依照母親屬於第一或第二等級，她的子女則屬於第三或第四等級；後面兩個等級又互相結婚，它們的子女再又加入第一和第二等級。這樣，總是一代屬於第一和第二等級，下一代則屬於第三和第四等級，第三代又重新屬於第一和第二等級。依照這種制度，兄弟姊妹（母方）的子女不得爲夫妻，但是他們的孫子孫女却可以爲夫妻。這一特別複雜的制度，由於母權氏族的插入——無論如何是在較後的時期——而變得愈加複雜了。不過我們在這裏不能對此加以研究。於是，我們看到，阻止血族通姦的意向總是再次三番地表現出來，然而這一意向只是本能地自發地起着作用，對於目的沒有明確的意識。

那在澳洲還是一種等級婚姻的羣婚，即往往分佈於全大陸整個男子等級和整個女子等級間的夫妻關係的羣婚，若加以詳細的觀察，决不像庸人慣於嫖妓的幻想所想像的那樣可怖。相反，過了許多年之後，人們才開始猜到有這種婚姻制存在，而最近又重新來否認它的存在了。在皮相的觀察者看來，它是一種不牢固的專一婚制，而在某些場合，則是一種時常破壞貞操的一夫多妻制。只有像費遜和哈威特那樣化費多年的功夫，才能在這些婚姻關係（一般歐洲人愛把這些婚姻關係看作是類似他本國現有的婚姻關係）的實踐中，發現一種調節法則，可藉以說明一個澳洲黑人在離開本鄉數千公里以外的地方，在說着他所不懂的言語的人們中間，往往依舊可以在每一羣人，每一部落裏，找到沒有一點反抗和怨恨而甘願委身於他的女性，而擁有幾個妻子的人也願讓一個妻子給自己的客人去過夜。凡在歐洲人視爲道德淪落和無法無天的地方，事實上都盛行着一種嚴格的法則。這種女子屬於客人的婚姻等級，因而她們生來就是他的妻子；那把他們彼此結合起來的同一道德法則，却禁止相互所屬的婚姻等級以外的任何性交關係，否則便要受到社會的責難。甚至在搶刼女性的地方（搶刼女性往往並且在許多地方是通例），關於等級的法則也是被愼重地遵守着。

然而對女子的搶刼，已現出向專一婚制——至少是對偶婚式的專一婚制——過渡的徵候：當一個青年男子，在其友人幫助下刼得或拐得一個姑娘，然後他們便輪流地跟她發生性交關係，但是後來這個姑娘被認爲是發動刼婚的那個青年男子的妻子。反之，要是被刼來的女子背夫潛逃而被別個男子捕獲了，那她就成爲後者的妻子，而前者就喪失了對她的優先權。這樣，除了一般繼續存在的羣婚制而外——並且是在它內部——就又發生了一種排斥他人的關係，即個別配偶在或長或短期間內的結合，同時又發生了一夫多妻制，於是這裏羣婚也開始消亡下去，而問題只在於因受歐洲人影響較先絕跡的是什麽：是羣婚制呢，還是奉行羣婚制的澳洲黑人呢。

以整個等級爲單位的婚姻，如在澳洲所盛行的，無論如何都是極爲低級極爲原始的羣婚形式，而『普那路亞』家庭，就我們所知道的，則是羣婚制發展的最高階段。前者大概是跟漂流的蒙昧人的社會發展水平相適應，後者則是以有比較固定的共產制公社居民爲前提，並且是直接引導到往下一個更高發展階段的。在這兩種婚姻形式之間，我們一定還會發現若干中間階段；這裏擺在我們面前的還是一個剛才發現而幾乎尚未觸動的研究領域。

（三）對偶家庭。成對配偶在或長或短期間內相當同居現象，在羣婚時期或更早時候已經有過了；一個男性在許多妻子中間有一個正妻（還不能稱爲愛妻），而他對於這個女子也是許多丈夫中間的一個主夫。這種情況在傳教士頭腦中產生了不少的混亂，他們時而把羣婚視爲是雜亂共妻制，時而又把它視爲是任意破壞夫妻貞操。不過，這一基於習慣的對偶同居現象，隨着氏族的日益發達，以及隨着不許互相通婚的『兄弟』等級和『姊妹』等級的愈益加多，一定要逐漸鞏固起來。氏族對禁止血族通婚的推動更使事情向前發展了。比方，我們看到，在易洛魁人和大多數其他處在野蠻期低級階段上的印第安人中間，他們的制度所包括的一切親屬都禁止通婚，而這種親屬是有好幾百種的。由於這種婚姻禁例日益複雜，羣婚便逐漸成爲不可能的了；它們爲對偶家庭所排擠了。在這一階段上，一個男性是和一個妻子同居的，然而一夫多妻和偶然通姦仍然是男性的特權，雖然前者由於經濟的原因是很少有的，同時，在同居期間，女性大都必須嚴守貞操，要是有了通姦的事，便要受到殘酷的懲罰。可是，婚姻很容易被任何一方拆離，而子女仍然單只屬於母親。

在這樣往後繼續排斥血緣親族結婚方面，自然淘汰也繼續起着作用。如摩爾根所說，『非血緣氏族的成員間的婚姻，產生了在肉體上和智力上更強健的人種；兩個進展着的部落混合起來了，後代的頭蓋骨和腦髓便自然而然地增大起來，直到他們綜合了兩個部落的才能爲止。』這樣，氏族制度的部落一定要優勝於落後的部落，或一定要以自己的榜樣來帶動落後的部落。

由此可見，原始時代家庭的發展，就在於不斷縮小那個最初包括全部落並且盛行兩性共同婚姻的範圍。由於依次排斥親族通婚——起初爲近親，其次爲遠親，最後以至僅有姻戚關係者，——任何羣婚形式終於在實際上都成爲不可能的了，結果只剩下一對還結合得不大牢固的夫婦，即那一解體就無所謂婚姻的分子了。僅從這一點上亦可以看出，近代所謂個人的性愛是跟專一婚制的發生沒有什麼共同之處的。所有現今處在這一發展階段上的各族人民的實踐，都對這一點提供出還要更多的證明。在以前的各種家庭形式下，男性從不感到缺乏女性，倒是感到女性綽綽有餘，如今女性卻稀少起來，而不得不去尋求她們了。所以，自從對偶婚發生時起，便開始有搶劫和購買女性的現象出現而成爲普遍徵兆——但也只不過是徵兆——表明當時發生了深刻轉變；但是學究式的蘇格蘭人麥克林南根據這些只是有關求妻方法的徵兆，就把『掠奪婚姻』和『買賣婚姻』說成是兩種特殊的家庭形式。此外，在美洲印第安人及其他（在同一發展階段上的）部落中間，婚姻的締結並不是由結婚者本人經手（甚至往往不同他們商量），而是由他們的母親來主持。這樣，往往兩個彼此全不相識的人就被訂成婚姻，而他們只有結婚日期到來時才得知訂下的婚約。在舉行婚禮以前，新郎送禮物給新娘的親族（即新娘的母方親族，而不是她的父親及其親族）；這種禮物算是爲對出讓給他的姑娘繳付的贖金。婚姻可依夫婦任何一方意願拆離，但是在許多部落中間，例如，在易洛魁人中間，逐漸形成了對這種離婚持否定態度的輿論；當夫婦不和的時候，雙方的同族便出而調解，只有在他們干涉無效時，婚姻才被拆離，並且子女留歸妻方，以後双方都有權重新結婚。

這種對偶家庭本身還很脆弱，還很不穩定，不能使人需要有私自家庭經濟或只是願意有私自家庭經濟，因此它並未瓦解早期所傳下來的共產制家庭經濟。但是，共產制家庭經濟是意味着女性在家內佔統治地位，正如在不能確認生父的條件下只承認生母是意味着對女性（即對母親）表示高度尊崇一樣。那種認定女性在社會發展初期似乎曾爲男性做奴婢的意見，乃是我們從十八世紀啓蒙時代所繼承下來的一種極荒謬的觀念。在一切蒙昧人中間，以及在一切處於野蠻期低級階段、中級階段甚至部分是高級階段的一切部落中間，女性不僅享有自由，而且居於很受尊敬的地位。關於這種地位在對偶婚下還是怎樣，那曾在塞奈卡部落的易洛魁人中間做過多年傳敎士的阿爾土爾·來特就可來作證明。他說：『講到他們的家庭，當他們還住在老式長屋中的時候（包含數個家庭的共產制經濟）…那裏總是有某一氏族（clan）佔支配地位，因此女性是從別的氏族中取得丈夫的…通常是女性在家中支配一切；貯藏品爲大家所共有；但是，一個丈夫或情人若是過於怠惰或過於笨拙，因而不能給公共貯藏品中加添自己一份，就該倒霉了。不管他在家裏有多少子女或是有多少屬於他的財產，他總得隨時聽候命令收拾東西，準備滾蛋。他甚至不敢企圖進行反抗；家屋對於他變成了地獄，他除了回到本氏族去，或是在別個氏族內重新結婚——大多如此——以外，再也沒有什麼別的出路。女性在氏族裏面，並且一般在任何地方，都是很大的勢力。有時，她們可逕直撤換酋長，把他貶爲普通武士。』——在共產制家庭經濟中，全體或大多數女性是屬於同一氏族，而男性則分屬於各種不同的氏族——這種共產制家庭經濟乃是原始時代到處通行的女性統治的眞實基礎，而這一女性統治的發現便是巴苛芬的第三個功績。爲補充起見，我還要指出：遊歷者和傳敎士們關於蒙昧部族和野蠻部族的女性都担負奇重工作的報告，是和上面所說的並不衝突的。兩性間的分工，並不是由女性在社會上的地位，而是由完全另外的原因所決定。 女性必須做比我們所設想的遠爲更多的工作的那些部族，其對於女性所懷的眞正尊敬是往往遠勝於我們歐洲人的。外表上受尊敬而不事任何實際勞動的文明時代的貴婦人，比起野蠻時代辛苦勞動的女性來，實處於無限低下的社會地位；後者在本民族中被視爲眞正的貴婦人（lady, frowa, Frau＝夫人），而就她們的地位的實質說來，也確是如此。

現在美洲的羣婚是否已爲對偶婚所完全排除，這應該由更精密地研究美洲那些尙處在蒙昧期高級階段的西北部特別是南部各部族來決定。關於後者，流傳着各色各樣的性交自由的事例，使人很難設想這裏舊時的羣婚已經完全消除。不論如何，羣婚的遺跡還未完全消失。在北美至少四十個部落中，和長姊結婚的男性有權把她的達到一定年齡的一切妹妹也娶爲妻——這是一整羣姊妹共夫的遺風。關於加利福尼亞半島的居民（蒙昧期高級階段），那末據班克洛夫特說，他們在某一些節日裏，幾個『部落』集合在一起，進行雜亂的性交。這顯然是由於一些氏族在這些節日裏，還保存着一種朦朧記憶，那時一氏族的女性以別一氏族的全体男性爲其共同丈夫，而一氏族的男性則以別一氏族的全體女性爲其共同妻子。這種習慣在澳洲仍然盛行着。在某些部族中間，男性長者、酋長和魔法師，往往爲了自己的利益來利用共妻，而獨佔多數女性；但是，他們在一定的節日和民衆大集會時，必須恢復以前的共有制，讓自己的妻子去和年輕的男子們尋樂。威斯特馬克在他著的人類婚姻史一書第二八至二九頁上，從印度的霍人、散塔爾人、判查人和科塔爾人諸部落中，從非洲若干部族以及其他部族中，引了許多這樣定期舉行沙特恩節[1]而使舊有自由性交關係暫時恢復起來的例子。很奇怪的是威斯特馬克由此得出一個結論，說這是原始人和他種動物所共有的交尾期的遺跡，而不是他所否認的羣婚的遺跡。

我們現在來談巴苛芬的第四個偉大的發現：由羣婚到對偶婚的廣泛流行的過渡形態。巴苛芬所描寫的對違反古代神戒的贖罪，即女性用以取得貞操權利的贖罪，事實上不過是一種贖身的神秘表現而已，女性用這種贖身方法把自己從古時的共夫制度下贖出來，而獲得只委身於一個男性的權利。這種贖身方法，就是在一定的時間內委身於人：巴比倫的女性每年須有一次在邁立泰廟裏委身於男性；其他中東各族在他們的女孩取得結婚權利以前，把她們送到安那吉司廟住好幾年，在那裏她們須與自己的意中人進行自由戀愛；類似的風俗，披着宗教外衣，差不多在亞洲所有一切生活於

[1] 沙特恩節（由羅馬的沙特恩神得名）——古代羅馬慶祝農事結束的民衆節日。——編者註。

8—1004

地中海和恒河之間的人民中間，都可遇到。用以贖身的獻身，隨着時間的進展，愈來愈輕，正如巴荷芬所說：『年年的獻身，讓位於一次的獻身；隨婦人的淫婚而來的是少女的淫婚；從前是在結婚時進行雜交，現在變爲在結婚之前進行；從前不加分別地委身於任何人，現在變爲只委身於一定的一些人了』(母權論[1]，第壹玖頁)。在其他一些人民中間，沒有這種宗教的外衣：在有些人民中——例如古代的色雷斯人和克勒特人等，現今印度的許多土著居民，馬來各處的人民，太平洋許多島嶼上的土人，以及美洲許多地方的印第安人——少女在出嫁以前，還享有極大的性交自由。比方在南美洲，差不多到處都是如此，凡到過該大陸內地的人，都可以證實這一點。例如，阿伽西（巴西旅行記，一八八六年在波士頓和紐約出版[2]，第二六六頁）曾講到印第安人出身的一個富有家庭。當他被介紹給這一家的女兒時，他問到她的父親，即指她母親的丈夫（這個時候，他充任軍官，參加對巴拉圭的戰爭），但是母親含笑答道：naõ tem pai, é filha da fortuna——她沒有父親，她是一個偶然生的孩子。『印第安婦女或混血種婦女，都總是這樣毫不害羞毫不在乎地說到她們私生的子女；這完全不是個例外，似乎相反的情形倒才是例外。孩子們往往只知道母親，因爲一切的照顧和責任都是落在她的身上；他們對於父親都毫無所知，甚至作妻的，也大概從來沒有想到她或她的子女對他會有什麼要求。』在這裏，文明人以爲奇異的事情，依照母權制和在羣婚制之下，却不過是一種通例罷了。

有些人民中間，新郎的親戚朋友或參加婚禮的客人，在舉行婚禮時，都可以提出古代遺傳下來的對新娘的權利，並且新郎按次序總是最後一個；在巴利阿利羣島以及在非洲奧及婁人中，古時曾是如此；而在阿比西尼亞的巴雷人中，今日也還是如此。在其他一些人民中間，一個有公職的人——部落或氏族的頭目、會長、黃教

[1] Bachofen J. J. Das Mutterrecht. Stuttgart, 1861.——編者註。

[2] Agassiz, L., A journey in Brasil. Boston, 1886.——編者註。

僧、法師、公爵或其他有稱銜者，都可以代表公社行使對新娘的初夜權。不管新浪漫主義如何努力冲淡這一事實，這種初夜權（jus primae noctis）至今還作爲羣婚的殘餘，存在於阿拉斯加大部分土人（班克洛夫特，土著種族，第一卷，第八一頁）、北墨西哥達胡人（同書第五八四頁）及其他人民中間；在整個中世紀，它至少存在於原爲克勒特人的諸國裏，在這些地方，例如在阿拉貢，它是直接由羣婚遺傳下來。在加斯底利亞，農民雖從未成過農奴，但在阿拉貢却盛行過極醜惡的農奴制，一直到一四八六年才由號稱天主教徒的斐迪南命令廢止。在這個命令中說道：『茲特規定並宣告，上述領主（senyors——男爵）…亦無權當農人娶妻時和新娘同睡第一夜，或爲表示自己統治而在結婚之夜，當新娘躺在床上時跨越該床及該女子；上述領主亦無權違反農人的女兒或兒子的意志而去使用他們，無論付代價與否。』（據蘇根海姆的農奴制度一書所載加泰隆原文，一八六一年在彼得堡出版[1]，第三五頁。）

其次，巴哥芬堅決認定，從他所謂的『淫婚』或『汚泥生殖』轉向專一婚制，主要應歸功於女子，——這點絕對正確。隨着經濟生活條件的發展，從而隨着原始共產制的解體和人口密度的增加，自古遺傳下來的兩性間的關係愈加失去它們的素朴的原始的性質，則它們愈使女性感到屈辱和難堪；從而婦女要求取得權利保守貞操即暫時或長久只跟一個男子結婚，以作爲自身的解放，也就愈益迫切。這個進步是不能發生於男性方面的，這除其他原因外，還由於男性一般就從來沒有想到，甚至直到今日也沒有想到要放棄事實上的羣婚的便利。只有由婦女實現了向對偶婚的過渡以後，男性才能實行嚴格的一夫一妻制——自然，這只是對婦女而言。

對偶家庭是發生於蒙昧期和野蠻期相交的時期，大半是在蒙昧

[1] Sugenheim S., Geschichte der Aufhebung der Leibeigenschaft und Hörigkeit in Europa bis an die Mitte des neunzehnten Jahrhunderts. St. Petersburg, 1861.——編者註。

8*

期高級階段上，而只有在個別地方才是在野蠻期低級階段上。這是野蠻期所特有的家庭形式，正如羣婚對於蒙昧期，一夫一妻制對於文明期一樣。要使對偶家庭進一步發展而成爲牢固的一夫一妻制，除了上述諸種因素以外，還需要有別的因素。在對偶同居中，羣已經減縮到它的最後單位，僅由兩個原子構成的分子，即一男一女。自然淘汰通過對於通婚範圍日益加緊的禁止，已經完成了自己的使命；在這一方面，它再也沒有什麼可作的了。因之，如果新的社會動力不開始發生作用，那就會沒有什麼原因使得要從對偶同居中產生出新的家庭形式了。但是這種動力開始發生作用了。

我們現在撇開美洲這個發生對偶家庭的典型地區不談吧。沒有什麼證據可以使人得出結論，說在美洲曾有較高級的家庭形式發展過，或是這裏在被發現和被征服以前曾有牢固的一夫一妻制存在過。舊大陸的情形却與此不同。

這裏，家畜的馴養和畜羣的繁殖，創造了前所未聞的財富，並產生了全然新穎的社會關係。直到野蠻期低級階段，固定的財富差不多只限於住屋、衣服、粗糙的裝飾品以及用以獲取和烹調食物的工具：木船、武器、最簡單的傢具而已。食物不得不一天天重新去獲得。現在，日益向前進展的遊牧部族——住在印度的五河區和恒河流域以及當時更富水草的阿姆河和錫爾河流域各草原的雅利安人，住在幼發拉底河及底格里斯河流域的塞姆人——已經有了馬、駱駝、驢、牛、綿羊、山羊和猪等畜羣，這種財產，祇須加以看管和極簡單的照顧，就可以大量大量地繁殖起來，而供給非常充裕的乳肉食物了。一切以前獲取食物的方法，這時都不重要了；從前是必要的打獵，這時成爲一種消遣了。

但是這新的財富歸誰所有呢？最初無疑是要歸氏族所有。然而畜羣的私有制一定很早就已發展起來了。很難說，族長亞伯拉罕在所謂摩西第一書的著者眼中算是他自己那些畜羣的所有者，究竟是由於他擁有充任家庭公社首長的權利，還是由於他具有實際上世襲的氏族首長的地位。但有一點絲毫不容置疑，這就是我們不應當把他設想爲現代意義上的財產所有者。再則，在成文史的最初期，我們到處都可以看到畜羣也和野蠻時代的工藝製造品、金屬器、奢侈品、乃至人畜即奴隸一樣是家庭首長的獨有財產，這也是毫無疑義的。

須知，這時奴隸制度也已經發明了。對於低級階段的野蠻人，奴隸是無用的。所以，美洲印第安人處置戰敗的敵人的方法，跟在較高的發展階段上的人們處置戰敗的敵人的方法，全然不同。他們把男子殺死，或者當作兄弟編入勝利者的部落中；他們把婦女作爲妻子，或者以別的什麼方式把她們和殘存的子女一起收容作本部落的成員。在這個階段上，人的勞動力所生產的東西還不能顯著超出維持它的用費。隨着牧畜、金屬加工、紡織乃至耕作被採用起來，情況就改變了。　正如以前容易弄到手的妻子，現在成了交換價值而必須購買一樣，勞動力也發生了同樣的情形，特別是在畜羣完全轉歸家庭所有以後。家庭並不像牲畜那樣迅速地繁殖起來。現在照料畜羣需要有更多的人了；爲了這個目的，便可以利用被俘虜的敵人，何況他們正像家畜一樣，是可以繁殖的呢。

這種財富，一旦轉歸個別家庭所有並迅速地增加起來時，就給了以對偶婚和母權氏族爲基礎的社會一個猛烈的打擊。對偶婚給家庭添加了一個新的因素。除了親生的母親，它又提供了一個確實可信的親生的父親，而且這個親生的父親，大概還比現代許多的『父親』來得更確實可信些呢。依照當時所通行的家庭內的分工，丈夫的責任是獲取食物和爲此所必要的勞動工具，因而他便取得了勞動工具的所有權；在離婚時，他就帶去了這些勞動工具，而妻子則保留各項傢具。由於當時社會的習慣，丈夫因此是新的食物來源即家畜的所有者，後來他又是新的勞動工具即奴隸的所有者。但照同一社會的習慣，他的子女却不能繼承他的財產，因爲關於繼承問題有如下的情形。

依照母權制，即當血統還只按女系認定時，並且依照氏族內最初的繼承制度，氏族的成員死亡以後是由他的同族人繼承的。財產必須留在氏族以內。由於構成財產的物品數量不多，它在實踐上大概一向就落到最親近的同族人手裏，即落到母方的血緣親族手裏。但是男性死者的子女，並不屬於他的氏族，而是屬於他們母親的氏族；起初他們是跟母親的其餘血緣親族共同繼承母親的，後來他們可能是首先繼承母親的；但他們決不能繼承自己的父親，因爲他們不屬於父親的氏族，而父親的財產仍須留在父親自己的氏族以內。這樣，在畜羣的所有者死亡以後，他的畜羣首先應歸他的兄弟姊妹和他姊妹的子女或他母親姊妹的子孫所有。他自己的子女却得不到遺產。

這樣，隨着財富的增加，財富一方面使丈夫在家庭中佔有比妻子更有權勢的地位，另一方面又產生了利用這個增強了的地位來爲子女利益而改變一般繼承制度的意圖。不過，當血統還按母權制認定的時候，這是不可能的。因此，必須廢止母權制，而它也就被廢止了。這並不像我們今日所設想的那樣困難。須知這一革命，雖是人類所經歷過的最急進的革命之一，但它却不需要侵害到氏族中的任何一個活着的成員。它的全體成員，仍能保持他們原來的樣子。只要有一個簡單的決定，說今後氏族的男性成員的子女應留在本氏族以內，而婦女的子女應離開本氏族，轉到他們父親的氏族裏去，那就行了。　這樣就廢止了按照女系確定血統和依母權制繼承的制度，而確立了按男系確定血統和父系的繼承權。這一革命在文明人民中間是怎樣和在何時發生的，我們毫無所知。它是完全屬於史前時代的事。不過這一革命確實**發生**過，特別是巴苛芬所搜集的關於母權制許多遺跡的材料，可以充分證明這點；至於這一革命是如何容易完成，可從許多印第安部落的例子上看出來，那裏部分由於財富日益增長和生活方式改變（從森林移往草原）的影響，部分由於文明和傳教士的道德上的影響，這一革命不久以前方才發生，現在還在進行着。密蘇里河流域八個部落中，有六個是按男系確定血統和繼承權的，只有兩個還是依照女系的。在紹泥人、邁安秘人和德拉瓦爾人諸部落中，已習慣用父系氏族中的一個氏族名稱給小孩取名字，用這種方法把他們編入父系氏族，以便使他們能夠繼承自己的父親。『當直接的利益賦予足夠的動機時，藉更改名稱以改變事物，尋找一個縫隙以便在傳統的範圍以內打破傳統，乃是人類天賦的詭辯法！』（馬克思語）。因此，發生了無可救藥的混淆，這種混淆只有由改行父權制才可以消除，而且確實已經部分地這樣消除了。『這一轉變一般似乎是非常自然的』（馬克思語）。至於比較法學家們對這一轉變在舊大陸的各文明人民中是如何完成的說法，當然差不多只是一些假說而已，——可參閱科瓦列夫斯基的家庭和私有制的起源和發展概論一書，一八九〇年在斯德哥爾摩出版[1]。

母權制的顛覆，乃是女性所遭受的具有全世界歷史意義的失敗。丈夫在家中已掌握了管理權，而婦女則失掉了自己的榮譽地位，降爲奴僕，變成男子洩慾的奴婢，變成生孩子的簡單工具了。婦女的這種被貶低的地位，在英雄時代尤其是古典時代的希臘人中間表現得特別露骨，它逐漸被偽善地粉飾起來，在有的地方還披以較柔和的外衣，但是絲毫沒有被消除掉。

這樣確立的男性獨裁制的第一個結果，便表現在這時發生的家長制家庭的中間形式上。這一形式的主要特點不是一夫多妻制（關於這一點後邊再講），而是『若干數目的自由人和非自由人組成爲一個服從家長父權的家庭。在塞姆人中，這個家庭首長是過着一夫多妻的生活，非自由人也有妻和子女，而整個組織的目的是在一定地域的範圍內照管畜羣』。其特點一是把非自由人包括在家庭以內，一是父親的權力；所以，這種家庭形式的完善的典型乃是羅馬的家庭。Familia 這個詞，起初並不是表示現代庸人的以多情善感和家庭不和

[1] Kovalevsky M., Tableau des origines et de l'évolution de la famille et de la propriété. Stockholm, 1890. ——編者註。

爲內容的理想；它在羅馬人中間，當初甚至不是指夫妻及其子女，而只是指奴隸。Famulus 是指一個家庭奴隸，而 familia 則是指屬於一個男人的全體奴隸。早在加依時代，familia, id est patrimonium（卽遺產），是照遺囑傳授的。這一用語是羅馬人發明出來用以表示一種新的社會組織，這種組織的首長乃是妻和子女以及若干奴隸的領主，依照羅馬父權制而對他們握有生殺予奪之權。『因此，這一用語並不比拉丁部落的嚴酷的家庭制度——這種家庭制度是在採用耕作及確立奴隸制以後，在雅利安意大利人跟希臘人分離之後發生的——來得早些。』馬克思對這一點補充道：『現代的家庭，不僅包含有奴隸制（servitus）的萌芽，而且也包含有農奴制的萌芽，因爲它從最初起，就是和農作的勞役有關的。它以縮影的形式包含了一切後來在社會及其國家中得到廣泛發展的對抗。』

這種家庭形式是表示從對偶婚向一夫一妻制的過渡。爲了保證妻子的貞操，從而保證子女出生自一定的父親，妻子便落在丈夫的絕對的權力之下了；卽使打死了她，那也不過是他行使他的權力罷了。

自從有了家長制的家庭，我們便進入成文歷史的領域，同時也進入那比較法學能給我們以巨大幫助的領域了。而這種法學在這裏的確促成了很大的進步。我們感激科瓦列夫斯基（家庭和私有制的起源和發展概論，一八九〇年在斯德哥爾摩出版，第六〇至一〇〇頁），因爲他證明了今日我們在塞爾維亞人和保加利亞人中間所見到的那種稱爲«Zadruga»（大意爲協作社）或«Bratstvo»的家長制的家庭公社（patriarchalische Hausgenossenschaft），以及在東方人民中間所見到的那種變形的家長制的家庭公社，形成了一個從由羣婚中產生的以母權制爲基礎的家庭到現代個體家庭的過渡階段。這點至少就舊大陸各文明人民，就雅利安人和塞姆人說，可以認爲是已經得到證明了。

南方斯拉夫人的 Zadruga 是這種家庭公社迄今還存在的最好

的例子。它包括着一個父親所生的數代後裔以及他們的妻子，他們住在一起，共同耕種自己的田地，用共同的儲蓄維持衣食，共同佔有一切剩餘產品。公社由一個家長（domàcin）管理，家長對外界代表公社，有權出讓小物品，掌管財務，並對財務以及家務的正常經營負責。他是由大家推選，不一定是最年長者。婦女和她們的工作受主婦（domàcica）領導，主婦通常是家長之妻。主婦在給公社女孩擇婿時，也起着往往是決定的重要作用。不過公社的最高權力是集中於全家會議，即全體成年男女的集會手中。家長須向這個集會作報告；在這個集會上通過各項最後的決定，對家庭成員間的爭端進行裁判，以及對較重大買賣問題即對土地買賣問題等採取決定。

只有在十年左右以前，才證明了在俄國也保存有這種大家庭公社；現在大家都承認，它們像村落公社一樣，在俄羅斯人的民間風俗中也有同樣深的根子。在俄國最古的法典，即雅羅斯拉夫法典中，便曾提到它們，其名稱（вервь）跟達爾馬提亞法律中所用的相同；它們以及對於它們的徵引在波蘭人和捷克人的史料中也可以找到。

據海斯勒說（見日耳曼人法權制度[1]），日耳曼人的經濟單位起初也不是現代的所謂個體家庭，而是由幾代人及其個體家庭所構成的家庭公社（«Hausgenossenschaft»），並且這種家庭公社往往也包括有非自由人。羅馬的家庭歸根到底也是屬於這種類型，因此近來人們對於那裏家長擁有絕對權力以及其餘家庭人員對家長毫無權利這點，異常表示懷疑。在愛爾蘭的克勒特人中間大概也存在過與此類似的家庭公社。在法國的尼味內，直到法國大革命時，這種家庭公社還以 parçonneries 的名稱保持着；而在法蘭斯孔德，到現在也還沒有完全消逝。在路安地區（在索納和羅亞爾省），可以見到巨大的農民住房，中間有高達屋頂的公用廳堂，四周是沿着六級至八級階梯登入的臥室，這裏住着同一家庭的幾代人。

[1] Heusler A., Institutionen des deutschen Rechts. Bd. I—II. Leipzig, 1885—1886.——編者註。

在印度，實行共同耕作的家庭公社，已在亞歷山大大帝時代由泥阿卡斯提到過，到今天，它還存在於那些地方，即旁遮普及該國整個西北部。在高加索，科瓦列夫斯基本人能夠證明這種家庭公社的存在。在阿爾及利亞，它還存在於卡比爾人中間。即在美洲，它似乎也曾經存在過；蘇里塔所記述的古墨西哥的«calpullis»[1]，人們就也想把它看作是家庭公社；另一方面，庫諾夫（見海外雜誌，一八九〇年，第四十二至四十四期）曾經十分明晰證明，在秘魯被征服時，那裏還有一種類似馬爾克的東西（而且很奇怪，這種馬爾克也叫做 marca），其中定期重新分配耕地，亦即進行個體耕作。

無論如何，實行土地共有和共同耕作的家長制的家庭公社，現在獲得了跟以前完全不同的意義。我們對於它在舊大陸諸文化國度人民及其他若干人民中，在母權制家庭和個體家庭之間所起的重要的過渡作用，已不容懷疑了。 在以後的闡述中，我們還要說到科瓦列夫斯基所作的進一步的結論，即這種家長制的家庭公社也是一個過渡階段，土地由個體家庭耕作的，起初是定期，而後是永遠分割耕地和草地的村社或馬爾克，就是由這種過渡階段發展起來的。

說到這種家庭公社內部的家庭生活，應當注意的是，至少在俄國，我們知道，家長對於公社的年輕婦女，特別是對他的兒媳常常濫用他的地位，而且往往把她們作爲後房；俄羅斯的民歌對於這點有着很好的描寫。

在說到因母權制的顚覆而迅速發展起來的一夫一妻制之前，我們再就一夫多妻制和一妻多夫制說幾句話。這兩種婚姻形式，卽令它們在某一國度內是並立存在，——而大家知道這是沒有的事，——那也只能是例外，即所謂歷史的奢侈品而已。所以，既然由一夫多妻制所排除的男子，不能向因一妻多夫制而盈餘的婦女求得安慰，並

[1] «Calpullis» 是阿兹切克人的家庭公社。——編者註。

且男女的數目，不管社會制度如何，迄今又差不多是相等的，所以，無論一夫多妻制或一妻多夫制的婚姻形式都不能成爲普遍通行的形式。事實上，一個男子擁有許多妻子，這顯然是奴隸制度的產物，只有佔居特權地位的個別人物才作得到。在塞姆人的家長制家庭中，只有家長本人，至多他的兒子當中的若干人，能過多妻的生活，其餘的人都只得滿足於一個妻子。現在整個東方還是如此；一夫多妻制是富人和顯貴人物的特權，而妻妾主要是以購買奴婢的方法獲得的；人民大多數都是過着一夫一妻制的生活。印度及西藏的一妻多夫制，也同樣是個例外；它之由羣婚而來的不無興味的起源，還需要作進一步的研究。然而在實踐上，一妻多夫制似乎比回教徒的充滿嫉妒的後房制度更可容忍些。至少比如在印度的奈爾人中間，雖然每三、四個或更多的男子共有一個妻子，但是他們每人還可以和別的三個或三個以上的男子共有第二個妻子，乃至第三個、第四個妻子等等。奇怪的是，麥克林南在敍述這種婚姻俱樂部時（其成員同時可以加入幾個俱樂部），竟未發現『俱樂部婚姻』這個新的範疇。不過這種婚姻俱樂部的習慣，決不是眞正的一妻多夫制；恰正相反，像吉羅條龍所指出的，這只是羣婚的一種特殊的（spezialisierte）形式罷了；男子過着一夫多妻制的生活，而女子過着一妻多夫制的生活。

（四）一夫一妻制的家庭。如上所述，它是在野蠻期中級階段和高級階段相交時期由對偶家庭發生的；它的最後的勝利乃是文明期開始的標誌之一。它是建立在丈夫的支配權之上，它的顯然的目的便是要生育出父系血統無庸置疑的子女，而這種血統的不可爭辯性是必要的，因爲子女將來要以直接繼承者資格繼承他們父親的財產。一夫一妻制家庭和對偶家庭不同的地方，就在於它的婚姻關係更加堅固持久得多，已不能由任何一方任意解除了。這時通常是只有男子可以解除婚姻關係，離棄他的妻。破壞夫妻忠誠的權利，在男子方面，這時至少尚爲習慣所保證（拿破崙法典曾明文規定丈夫有這種權利，只要他不帶姘頭到家中來），而且隨着社會進一步的發展，這種權利也行得愈益廣泛；可是，如果妻子記起了以往的性交生活而想重過這種生活時，那末她就要受到比以前更嚴酷的懲罰。

這種新的家庭形式的最嚴峻的例子，在希臘人中間可以看到。如馬克思所指出的，如果神話中的女神地位，表示早期女子還享有比較自由和受尊敬的地位，那末到英雄時代，我們便見到婦女的地位已因男性的支配和奴婢的競爭而降低了。只要讀一下奧德賽中忒楞馬卡斯如何打斷他母親的話，迫使她緘默的故事就夠了。在荷馬的詩中，被擒的年輕婦女都作了勝利者的肉慾的犧牲品：軍事首領們按照他們的地位依次選擇其中的最美麗者；大家知道，全部伊里亞特便是以阿希列斯和阿加綿農二人爭奪這樣一個奴婢的糾紛做中心的。關於荷馬書中的每個稍微比較重要的英雄，都提到了同他共枕同歡的俘獲的少女。這種少女，也有被帶回勝利者的故鄉和家中去同居的，例如在愛斯奇洛斯的作品裏，阿加綿農就把喀薩德剌帶回家去；同這種奴婢生出的孩子可獲得父親遺產的一小部分，並被認爲是自由民；推喀羅斯便是鉄拉蒙的這樣一個非婚生的兒子，可以按父親給自己取名字。對正配的妻子，則要她容忍這一切，要她自己嚴格遵守貞操和夫妻忠誠。雖然，英雄時代的希臘婦女，要比文明時代的婦女更受尊敬，但是歸根到底，她對於男性，仍不過是他的嫡子之母，他的主要的管家婆和奴婢的總管罷了，而男性可以隨意把這種奴婢作爲妾，並且實際上也是這樣做的。奴隸制和一夫一妻制的並存，受男性完全支配的年輕美貌的奴婢的存在，使一夫一妻制從其開始之日起，就具有了一種特殊的性質，使之成爲只是對於女方，而不是對於男方的一夫一妻制。即到了今日，它還保存着這樣的性質。

在後來的希臘人中間，應把多利亞人和伊奧尼亞人加以區別。關於前者，可以舉出斯巴達作爲他們的典型例子，他們的婚姻關係在許多方面比荷馬所描寫的還要更古老。在斯巴達有一種由國家依照當地觀點而加以改變了的對偶婚，這種對偶婚在許多方面還是和羣婚相像的。無子女的婚姻可以解除：阿那克山特力德皇（約紀元前六百五十年）因后不育，另娶了一個，而保有兩個家庭；大約在同一時期，阿里斯頓皇因連娶二后不育，便娶了第三個，但把前二后中的一個退了。另一方面，幾個兄弟可以共有一妻；一個人如果喜歡友人之妻，可以和那個友人共同享有她；並且，把自己的妻委給一個如像俾斯麥所說的壯健『牡馬』，即使那人並不是和他同國的公民，也算是合乎體統的事情。在波盧塔爾哈斯著作中，有一個地方說到一個斯巴達婦人，叫一個向她求愛的人到她的丈夫那裏去請求許可，照蕭曼的看法，這要算是一種更大的性的自由了。眞正的破壞夫婦忠誠，即妻子背着丈夫的不貞行爲，因此是從所未聞的。另一方面，斯巴達至少在其全盛時代，還不知有家庭奴隸，被稱爲依洛特人的農奴另外分居在莊園裏面，因此斯巴蒂阿特人[1]不大有勾引他們妻室的機會。由於這些條件，斯巴達的婦女自然要比其他希臘婦女佔着更受人尊敬的地位。斯巴達的婦女和一部分優秀的雅典藝妓，在希臘，是古人所尊崇並認爲她們的言論是值得注意的惟一的婦女。

在以雅典爲典型例子的伊奧尼亞人中間，可以看到全然不同的情形。少女們只學習紡織縫級，至多也只稍微學學讀書寫字而已。她們差不多是過着幽居的生活，只能和別的婦女有所交際。女子所住的房間處於住宅的單獨一部分，在最高一層樓上或在廂房中，男子，尤其是陌生人很不容易入內，要是有男子到家裏來作客，婦女就隱退到那裏去。婦女沒有奴婢作伴不能離家外出；她們在家裏實際是受嚴格監視；阿里斯多芬提到過摩羅西犬，說人

---

[1] 斯巴蒂阿特人是古斯巴達享有充分公民權的公民階級，和依洛特人不同。——編者註。

們飼養它們是爲了用它們來嚇走通姦者，而在亞洲各城市中，則用閹人來監視婦女，早在希羅多德時代，在希奥斯島上就製造這種閹人以出賣，據瓦克斯木特說，這種閹人並不是專賣給野蠻人的。在幼里披底斯的作品中，把妻子叫做 Oikurema， 意卽用以管理家務的東西（這是個中性名詞），而在雅典人看來，妻子除生育子女以外，不過是一個奴婢的頭領而已。 丈夫從事其體育運動和公共事業，而妻子則不許參加；此外，丈夫還時時有奴婢供其使用，而在雅典全盛時代還有廣泛盛行並且至少受國家庇護的賣淫現象供其取樂。超羣出衆的希臘婦女，正是在這一賣淫現象的基礎上發展起來的，她們的才智和藝術趣味像斯巴達婦女的品格一樣，高出於古代女性的一般水平以上。但是，一個女子在做婦人前必須先當藝妓的這種情形，成了對雅典家庭的極嚴格的非難。

這種雅典家庭後來竟已成了一種範例，仿照這種範例來佈置自己家庭生活的不僅有其餘的伊奥尼人，而且連宗主國和殖民地的一切希臘人也逐漸照辦了。但是，不管怎樣幽禁和監視，希臘婦女常常可以找到欺瞞自己丈夫的機會，而恥於向自己妻子表示哪怕是些微愛情的丈夫則跟藝妓縱情取樂；但是，對婦女的屈辱反而使男子本身受到了屈辱，使他們最後陷進到違反自然的好男色的泥坑中，並用關於甘尼美的神話，使他們的神仙也和他們自己一樣都名譽掃地了。

我們從古代最文明最發達的人民那裏所能探究的一夫一妻制的起源，便是如此。它決不是個人性愛的結果，它是跟個人性愛毫不相干的，因爲婚姻依然像以前一樣是計較利害的婚姻。它是不以自然條件而以經濟條件，卽以私人所有制戰勝自然成長的原始的共有制爲基礎的頭一個家庭形式。丈夫在家中的支配權以及只有出自丈夫而應繼承其財產的子女的生育——這便是爲希臘人所公開承認的專一婚制的唯一目的。在其餘各方面，專一婚制對於希臘人乃是一種負擔，是一種不免要對神、對國家和對自己祖先執行的義務。在雅典，法律規定男性不僅要結婚，而且要履行一定的最低限度的所謂夫婦義務。

因此，專一婚制在歷史上決不是作爲男女和解辦法出現的，更不是作爲最高婚姻形式出現的。相反，它是作爲一性對別一性進行奴役，作爲宣佈以往全部歷史中從未有過的兩性對抗狀態出現的。在馬克思和我於一八四六年編寫的一篇未曾發表的舊手稿中[1]，我發現了如下的一句話：『最初的分工是男女間爲了生育子女而實行的分工』。 現在我可以附加幾句：最初在歷史上出現的階級對立，是跟專一婚制下的夫妻間的對抗狀態的發展相一致的，而最初的階級壓迫是跟男性對女性的奴役相一致的。專一婚制乃是一個巨大的歷史的進步，但是同時它又跟奴隸制和私有財富一起開闢了一個一直繼續到今日的時代，這時任何進步同時也就是意味着相對的退步，這時一些人的幸福和發展是用別一部分人的苦痛和受壓抑爲代價而實現的。專一婚制乃是文明社會中的一個細胞，我們按照這個細胞就可以研究文明社會內部已經充分發展起來的種種對抗和種種矛盾的本質了。

舊時性交關係的相對自由，並未因對偶婚或甚至專一婚制的勝利而消失。『舊時的婚姻制度已因『普那路亞』集團逐漸消亡而受到了限制，但它仍然作了家庭藉以發展的環境，並且阻礙了家庭的發展，直到文明初現時爲止… 它最後終於在新的淫婚形式中消失了，這種新的淫婚形式在文明時代也還追蹤着人們，就像一個暗影一般罩在家庭上面』。摩爾根所說的淫婚，是指跟專一婚制並存的丈夫同未嫁女子的非婚性交關係而言，這種性交關係，大家知道，在整個文明時代都是以種種不同的形式盛行着，並且愈益變爲公開賣淫現象的。這種淫婚是直接起源於羣婚，起源於婦女爲贖得貞操權利而作的委身犧牲。爲金錢而獻身，最初本是一種宗教儀式；

---

[1] 指德意志思想體系一書而言。——編者註。

它是在愛神廟中舉行，所得的錢原來是歸於神廟的財庫的。阿爾明尼亞的安那吉司廟和科林斯的阿富羅第廟中的婢女，以及印度那些在神廟中生活的宗教舞女，即所謂 bayaders（被歪曲的葡萄牙文«bailadeira»——舞女），都是最初的娼妓。獻身給男性起初本來是每個婦女的義務，後來僅由這種巫女代替其他婦女來實行。在其他各地人民中間，淫婚是起源於允許少女在結婚前有性交的自由，可見也是羣婚的遺風，不過這種遺風是經過其他途徑傳到今天罷了。隨着財產不均的出現，即到了野蠻期高級階段上，除奴隸勞動外，零星出現了僱傭勞動，同時作爲它的必然伴侶出現了跟奴婢獻身男性的強制義務並存的自由婦女的職業賣淫。這樣，羣婚所傳給文明期的遺產是二重的，正如文明期所產生的一切都是二重的、口不應心的、分裂爲二的、自相矛盾的一樣：一方面是一夫一妻制，另一方面則是淫婚及其極端形式——賣淫。淫婚也和任何其他社會體制一樣，是一種社會體制；它保證使舊時性交自由能繼續存在下去——是爲了男性的方便。淫婚在事實上是不但受到容忍，而且爲人們所自由實行，特別是爲統治階級所自由實行着的，而它在口頭上却受到非難。但是，這種非難在事實上決不是反對熱中於此的男性的，而只是反對婦女的；人們輕視她們，把她們從社會中驅逐出去，這樣把男性對女性的絕對支配重行宣佈爲社會的基本法則。

不過，第二種矛盾也同時在一夫一妻制本身中發展起來了。跟以淫婚取樂的丈夫並立的是一個被遺棄的妻子。正如半個蘋果已被喫掉後再不能有一個整個的蘋果一樣，有了矛盾的一面，就非有其他一面不可了。然而，當妻子還沒有把男子訓誡以前，男子的想法似乎並不是這樣的。隨着專一婚制出現了兩種經常的、爲以前所不知道的特殊的社會人物：妻子的經常的情人和帶綠帽子的丈夫。男子對婦女獲得了勝利，但失敗者寬宏大量地給勝利者加帶榮冠了。跟專一婚制和淫婚一併成了不可救藥的社會現象的是通姦行爲，這種行爲是雖被禁止、嚴罰，但終究不能剷除的。孩子出自合法父親的確實性，像從前一樣至多只能依靠於道德的信念；為了解決不可解決的矛盾，拿破崙法典在第三一二條中規定：«L'enfant conçu pendant le mariage a pour père le mari»（凡在結婚期間懷胎的嬰兒，應該以夫為父）。這便是專一婚制三千年來存在的最終結果。

這樣，在個體家庭仍忠於自身歷史起源，並且男女對抗狀態由於丈夫具有絕對支配權而明白顯露出來的場合，這種個體家庭便是自文明期到來時起分裂為各個階級的社會在其中演進但始終不能將其解決和克服下去的那些對抗和矛盾的縮圖。自然，我在這裏所說的只是如下的專一婚制場合，即夫妻生活確實是依照這個體制原始性質的規定度過，但妻子起而反對丈夫支配的場合。至於說並不是一切婚姻的實際經歷都是如此，這一點再沒有人比德國庸人知道得更清楚了，他不善於治家猶如不善於治國一樣，他的妻子因此有充分的權利來掌握他所不擅長的管理權。但他卻自以為他比他那些同病相憐的法國人要優越得多，因為後者比他本人更常遇到遠為更惡劣的境遇呢。

不過，個體家庭決不是隨地，也不是隨時都帶有像希臘人中間所有的那種典型鮮明的形式。在作為世界未來征服者，具有雖不及希臘人那麼精密但卻比他們更為遠大見識的羅馬人中間，妻子便享有更多的自由和尊敬。羅馬的男人以為，夫婦的貞操單靠他對妻子有生殺予奪權這點就有充分保證了。此外，這裏女子同男子一樣，可以自由離婚。但是，專一婚制發展方面的最大進步，無疑是隨着日耳曼人登上歷史舞台達到的，因為在日耳曼人中間，大概由於他們貧窮的緣故，一夫一妻制在那個時候，似乎還沒有從對偶婚中完全發展出來。這是我們根據塔次特所提到的如下三種情況得出的結論。第一，儘管婚姻十分神聖——『他們以一妻為滿足，婦女被貞操封禁起來』——，但是他們那裏的富貴人物和部落酋長中間仍盛行一夫多妻制，也如我們在實行對偶婚的美洲人中間看到的那樣。第二，由母權制轉到父權制在他們那裏只能是在不久前才發生，因為母親的兄弟——依照母權制是最近的男性同族人——在他們那裏還承認爲幾乎比自己的親父還更親近的親族，這也跟美洲印第安人的觀點相適應，而馬克思——據他自己常常說——在這些印第安人那裏是找到了一把理解我們自己過去時代的鑰匙的。最後，第三，日耳曼人的婦女享有很大的尊敬，對公共事務也有很大的影響，而這是與一夫一妻制所特有的男子支配權相抵觸的。差不多在這一切方面，日耳曼人都是跟斯巴達人沒有什麽區別，當時在斯巴達人那裏——這點我們已經看到過——對偶婚也是還沒有完全消失。所以，在這一點上，一個嶄新的要素也隨着日耳曼人的出現而獲得了世界的統治。在各族人民混合的過程中，在羅馬世界的廢墟上發展起來的新的一夫一妻制，使丈夫的權力具有了比較柔和的形式，而使婦女至少從外表上看來有了典型古代所從未有過的更受尊敬和更自由的地位。這就第一次造成了一種可能，使我們能從一夫一妻制出發——按照情況，或在其內部，或與它並行，或跟它相違背——達到了那應歸功於一夫一妻制的偉大的道德進步：爲一切以前的歷史所不知道的近代的個人性愛。

但是，這個進步，無疑是由如下一個情况所引起，卽日耳曼人還處在對偶家庭的時期，却盡可能地把適應於對偶婚的婦女地位搬用於一夫一妻制；這種進步决不是由於日耳曼人酷愛道德純潔的什麽神奇的癖性所引起，實則這種純潔只是由於對偶婚在實際上沒有像一夫一妻制所固有的那種顯著的道德上的矛盾。反之，日耳曼人在其遷徙時期，特别是在向東南卽向黑海沿岸草原游牧部族區遷徙時期，在道德上墮落得很厲害，他們除了向這些游牧部族學取了騎馬術之外，還由他們那裏染上了醜惡的反自然的惡習，這點有阿密亞那斯關於泰發爾人，普洛哥布關於赫留爾人的叙述可以肯定證明。

但是，雖然一夫一妻制在一切已知家庭形式中是現代性愛所能藉以發展起來的唯一形式，但這還不是說現代性愛完全或主要是作爲夫婦相互愛情發展起來的。由男子擁有支配權的嚴格專一婚制的本質，就是排除着這一點。在一切歷史上主動的階級中間，即在一切統治階級中間，婚姻的締結，依然和對偶婚以來的作法相同——即依然是一種由父母包辦的事情。當作一種情慾，並且是每個人（至少是統治階級中的每個人）能享有的情慾，當作肉慾的最高形式（這也就是它的特性）而頭一個出現於歷史上的性愛形式，即中世紀的武士愛，决不是夫婦愛。恰恰相反！古典式的武士愛，在普羅温斯人中間常見的武士愛，正是極力破壞夫婦貞操的，而詩人們且對之加以歌頌。構成普羅温斯情詩精華的就是«albas»，用德語表示便是 Tagelieder（破曉歌）。它用鮮艷的色彩描繪武士如何臥在情婦——他人之妻——牀上，而侍者守在門外，一見晨曦(alba)初上便通知武士，使他能悄悄地溜走，不致被人發覺；叙述離別的情景，便是歌中最動人的地方。北部法蘭西人和堂堂的德意志人，也採用了這種詩風以及相應的武士愛風度，而我們的老厄申巴哈用這同一個觸人心腑的主題寫了三首美妙歌曲，我喜歡這些歌曲，更甚於喜歡他的三篇英雄長詩。

在今日的資產階級中間，結婚有兩種方式。在天主教諸國，父母依然爲其年幼的資產階級兒子選擇適當的妻子，其結果當然是一夫一妻制所固有的矛盾最充分的發展：丈夫方面是放肆從事淫婚，妻子方面則是放肆破壞貞操。很可能，天主教會只是在它已確信夫婦不貞正如同死亡一樣完全不可挽救之後，才禁止離婚的。反之，在新教諸國，通常資產階級的兒子被允許有從本階級擇妻的多少自由；因此，戀愛可以在某種程度上作爲結婚的基礎，這正是按照新教僞善的精神，爲了體面而經常當作前提的。在這裏，丈夫實行淫婚並不怎樣厲害，而妻子的不貞也比較少些。但是，既然在每種婚姻形式下，人們仍舊跟以前一樣，並且新教諸國的資產者又大都是些庸人，所以，這種新教的一夫一妻制，即使拿一般最好的場合來看，也不過是導致所謂家庭幸福的極端枯燥無味的夫婦同居罷了。小說便可作爲這兩種婚姻方式的最好的鏡子：法國的小說可作爲天主教婚姻的鏡子；德國的小說可作爲新教婚姻的鏡子。在前後兩種場合，都是『他得到手了』：在德國小說中是青年得到了少女；在法國小說中是丈夫得到綠帽子。兩者中以誰的處境更壞，不是常常都可以弄清楚的。所以，法國資產者嫌德國小說枯燥，正和德國庸人嫌法國小說『不道德』一樣。可是，最近，自『柏林成爲世界都市』以來，德國小說也開始不那麽胆怯地講一些老早就在該地爲衆所週知的淫婚和夫婦不貞的事了。

但是，不論在哪種場合，婚姻都是由兩方的階級地位來决定的，所以它總是計較利害的婚姻。這種計較利害的婚姻，在兩種場合都是往往變爲最粗暴的賣淫——有時是雙方如此，而尋常只限於妻方；妻子跟普通的娼婦不同處，只在於她不是像一個僱傭女工那樣計件出賣肉體，而是一次永遠出賣爲奴隸。傅立葉的這句話，可應用於一切計較利害的婚姻，他說：『猶如文法方面兩個否定成爲一個肯定一樣，婚姻道德方面是兩個賣淫構成一種美德。』只有在被壓迫階級中間，從而今日在無產階級中間，性愛才可能成爲並且確實在成爲對婦女關係的常規，不管這種關係是否爲官方所認可。不過，在這種場合，典型的一夫一妻制的基礎也就全部消除了。這裏並沒有任何財產，而一夫一妻制和男子的支配權原是爲保存和繼承財產才建立起來的；因之，在這裏便沒有確立男子支配權的任何刺激了。而且在這裏也沒有達到這點的手段：保護男子支配權的民法，只是爲了有產者和爲了維持他們和無產者的相互關係才存在的；它是需要有錢的，所以由於工人貧窮的緣故，它對於工人跟他妻子的關係是沒有任何意義的。在這裏，起決定作用的是完全另一種個人的和社會的關係。此外，自大工業迫使婦女從家裏走往勞動市場，走到工廠去工作，並且往往把她們變爲家庭的扶養者以後，在無產者家庭中，除了自一夫一妻制出現以來即扎下根的對妻子的虐待也許還遺留一些以外，丈夫支配權的最後殘餘已失去了任何根據了。這樣，無產者的家庭，即使具有最熱烈的愛情並且雙方都堅守貞操，雖然還有各種宗教的和世俗的祝福，也不再是嚴格意義上的一夫一妻制了。所以，一夫一妻制的經常伴隨物——淫婚和破壞夫婦貞操，在這裏也僅有極微小的作用；妻子在事實上收回了離婚的權利；當雙方不能情投意合時，他們就寧願分離。一句話，無產者婚姻之爲一夫一妻制，是就這個名詞的語源意義而言，決不是就它的歷史意義而言。

不過，我們的法學家認爲，由於立法的進步，婦女申訴不平的理由是愈來愈少了。現代文明各國的立法，日益承認：第一，如果要使婚姻有效，它必須是一種雙方自願締結的契約；第二，在結婚同居期間，雙方須有平等的相互權利和義務。如果這兩種要求都能澈底實現的話，那末婦女就有了她們所能希望的一切了。

這種純法律的論據，跟急進資產階級共和主義者用以鎮定無產者的論據完全相同。勞動契約彷彿是由雙方自願締結的。但是，人們所以認爲這種契約是自願締結的，只是因爲法律在紙面上規定雙方處於平等地位而已。至於不同的階級地位給予一方的權力，以及這一權力加於另一方的壓迫，兩方眞正的經濟地位——這都是跟法律無關的。在勞動契約有效期間，只要任何一方沒有明白表示拋棄自己的權利，雙方仍舊認爲是平等的。經濟地位迫使勞動者甚至將那最後的表面的平等權利也拋棄掉，法律對此仍然是毫不相干。

在婚姻關係上，即使是最進步的法律，只要當事人雙方在形式上表明了他們是自願結婚，也就十分滿足了。至於在法律幕後現實生活是怎樣進行的，這種自願的約定是怎樣達成的，關於這些，法律和法學家都可置之不問。但是，只要把各國的法制作一最簡單的比較，就可以告訴法學家說這種自願結合究竟是怎麽一回事了。在法律保證子女應繼承雙親財產一部分，即不能剝奪他們繼承權的各國，——在德國，在採用法國法制的各國以及其他各國，——子女的婚配都須得父母的同意。在婚姻上法律並不要求得到父母同意的採用英國法制的諸國，父母在傳授自己的遺產時有着完全的自由，他們可任意剝奪子女的繼承權。很明白，儘管如此，甚至正因爲如此，在有財產可承繼的階級中間的結婚自由，在英國和美國那裏事實上並不比在法國和德國來得多。

男女在婚姻中的法律平等，情形也不見得好一點。我們從先前社會關係所承受下來的兩性法權上的不平等，並不是婦女受經濟壓迫的原因，而是它的結果。在包括許多對夫婦及其子女的古代共產制家庭經濟中，委託給婦女去處理的家務，正如男子獲取食物一樣，同爲社會必需的職業。隨着家長制家庭的發生，尤其是隨着一夫一妻制個體家庭的發生，情況就改變了。家務的處理喪失了自己的社會的性質。它不再涉及社會了。它變成了一種私人的服務；妻子成爲主要的家庭女僕，被排斥參與社會生產了。只有現代的大工業，才又給婦女——也只是給無產階級的婦女——開闢了一條參加社會生產的路徑。但在這種情形下，她們如果仍執行家庭中的私人服務的義務，那末她們就被排除於社會生產之外而不能有什麼收入；如果她們願意參加社會勞動而有獨立的收入，那末她們就不能盡家庭的義務了。在這方面，不論在工廠裏，或在一切勞動部門內，以至醫學界和律師界，婦女的地位都是一樣的。現代的個體家庭是建立於婦女在家庭中的公開的或隱蔽的奴隸地位之上，而現代社會乃是以個體家庭爲分子所構成的一個集體。今日，在大多數情形下，丈夫須得謀生，贍養家庭，至少在有產階級中間是如此，而這就給丈夫一種不需要任何特別法律特權的支配地位。在家庭中，丈夫是資產者，妻子是無產者。不過在工業領域中，只有資本家階級在法律上的一切特權被廢除，而兩個階級在法律上的完全平權被確立以後，那落在無產階級頭上的經濟壓迫的特殊性質，就會最明白地顯露出來；民主共和國並未消除兩個階級的對立——相反，它只是提供了一個爲解決這一對立而進行鬥爭的地盤。同樣，現代家庭中丈夫對妻子的支配權的特殊性質，以及確立雙方眞正社會平等的必要性和方法，只有當兩方在法律上完全平等時，才能充分顯現出來。那時就可以看出，婦女的解放，必須以一切女性重行參加社會勞動爲其頭一個先決條件，而要達到這一點，又要求個體家庭不復再是社會經濟的單位。

* * *

這樣，我們便有三種主要的婚姻形式，而這三種婚姻形式大體上是和人類發展的三個主要階段相適應的。羣婚跟蒙昧期相適應，對偶婚跟野蠻期相適應，以破壞夫婦貞操和賣淫爲補充的一夫一妻制跟文明期相適應。在野蠻期高級階段，在對偶婚和一夫一妻制之間，插入了男子對奴婢的支配和一夫多妻制。

以上全部論述表明，在各種形式這樣依次更替中所表現的進步過程的特徵，就在於越來越被剝奪羣婚制性自由的是婦女，而不是男子。的確，羣婚對於男性即到今天還是存在着。凡在婦女方面被認爲犯罪而要引起嚴重法權後果和社會後果的一切，對於男子反被視爲榮耀，或是在頂壞的場合也不過當作道德上的小污點而泰然處之。不過，傳統的淫婚在今日因受資本主義商品生產的影響而愈變化，愈適應於後者，愈變爲露骨的賣淫，那末就愈要傷風敗俗。而且它使男子道德墮落，比女子還要更厲害。賣淫在婦女中間只是使那些不幸成了賣淫犧牲者的人墮落下去，並且這一部分人也遠沒有墮落到像普通所想像的那種程度。與此相反，人類半數的男性盡都被它敗壞了。比如，長時期作未婚夫，十之八九就是培養破壞貞操的眞正預備學校。

不過，我們現在正走向一種社會變革，到那時候，一夫一妻制迄今所有的經濟基礎，以及它那種補充物即賣淫現象的基礎，都不免要消滅下去。一夫一妻制的發生，是由於大量財富集中在一人手裏，即集中在男子手裏，並且是由於需要將這種財富遺傳給這個男子的子女，而不是遺傳給別一個男子的子女。爲此就需要妻子方面的一夫一妻制，而非男子方面的一夫一妻制，因此妻子方面的一夫一妻制決不妨碍丈夫實行公開的或秘密的一夫多妻制。不過，行將到來的社會變革，在至少將持久的可遺傳的財富的絕大部分——生產資料——轉化爲社會公有以後，就要將這種遺產傳給何人的顧慮減至最少限度。不過，既然一夫一妻制的發生是由於經濟上的原因，那末當這種原因消滅的時候，它是不是也要消滅呢？

可以不無理由地答道：它不僅不消滅，反而只有那時它才能十足地實現。因爲隨着生產資料轉化爲社會公有，僱傭勞動、無產階級、從而一定數量的婦女——這數量可用統計方法計算出來——爲金錢而獻身的必要，也都要消滅下去。賣淫定會消滅，而一夫一妻制不僅不會終止其存在，而且會最後對於男性也成爲現實。

這樣一來，男子的地位無論如何會起很大變化。而且婦女的地位，一切婦女的地位，也要發生很大的轉變。隨着生產資料轉化爲社會公有，個體家庭也不會再是社會的經濟單位。私人的家務將變爲社會的工業。孩子的照管和教養將成爲公衆的事情；社會將同等地關懷一切兒童，無論是婚生的或是非婚生的。因此，對於『後果』的担心也就會消除了，這種担心在今日成了一種阻止少女毫無恐懼和顧慮地委身於所愛的男子的最重要的社會因素——道德的和經濟的因素。這豈不會足以使更自由的性交，從而社會輿論對於處女貞潔及女性廉恥的更加寬容態度逐漸發展起來嗎？最後，難道我們沒有看見在現代世界上一夫一妻制和賣淫雖爲對立物，但却是不可分離的對立物，是同一社會秩序的兩極嗎？賣淫現象可能消滅而不會使一夫一妻制同歸於盡嗎？

在這裏，一個在一夫一妻制開始發展時還只有過萌芽的新因素開始發生作用了，——這新因素就是個人的性愛。

在中世紀以前，是談不到什麼個人的性愛的。不言而喻，肉體上的美、親切的關係、融洽的旨趣等等曾引起異性間的性交的趨向，因此一個男子或一個女子究竟要和誰發生這種最親密的關係，這無論對於男子或是對於女子都不是淡漠無關的。然而這離眞正的性愛還相距很遠。在整個古代，婚姻的締結都是由結婚者的父母包辦，而結婚者則安心順從。那古代所僅有的一點夫婦的情愛，並不是主觀的愛好，而是客觀的義務；不是婚姻的基礎，而是婚姻的附加物。現代所說的愛情關係，在古代僅在官方社會以外才有。提奧克立塔斯和摩斯卡斯曾歌頌其愛的喜悅和痛苦的那些牧人，琅哥斯寫的達夫尼斯和克魯依中的人物，都是沒有參與過國家事務，沒有參與過自由民生活的奴隸。不過，除了奴隸中間的愛情關係以外，我們所遇到的愛情關係只是滅亡中的古代世界的崩潰的產物，並且是與同樣處在官方社會以外的婦女，——與藝妓，即異地婦女或被釋放奴婢發生的關係：在雅典是當其處於滅亡的前夕，在羅馬是當其處於帝國時代。要是在自由民男女之間確實發生過愛情關係，那只是以通姦的方式進行的。而對於那位古代的古典愛情詩人老阿那克列翁，現代意義的性愛，竟如此不關重要，甚至所愛者的性別在他看來也是無關痛癢的事情。

今日的性愛，是跟單純的性慾，跟古人所說的愛，根本不同的。第一，它是以所愛者的互愛爲前提的；在這一方面，現今婦女和男子處於平等的地位，而在古代愛盛行時代，決不總是徵求婦女同意的。第二，性愛有時達到這樣猛烈和持久的程度，以致如果不能結合和必須分離，那末在雙方看來，就是個大不幸，甚至是個最大的不幸；兩方僅僅爲了互相結合起見，甚至甘冒很大的危險，直至拿生命爲孤注，這種事情，在古代只是在破壞夫婦貞操的場合才會有的。最後，對於性交關係的評價，發生了一種新的道德標準：不僅要問它是結婚的還是私通的而且要問它是不是由於相互的愛？自然，在封建的和資產階級的實踐上，對於這個新的標準，並不比對於其餘一切道德標準更爲重視——對於它簡直置之不理。不過，對它也不比對其餘的道德標準更輕視：它和其餘的道德標準一樣——在理論上、紙面上，也是被承認的。而目下也不可能要求得更多。

中世紀是從古代世界及其性愛的萌芽停止的地方開始，即是從通姦開始。我們已經敘述過那創造了破曉歌的武士愛。從這種力謀破壞婚姻的愛，到那務期給婚姻奠立基礎的愛，其間還有一段很遠的路程，這段路程是武士們不能走到底的。甚至我們由輕薄的拉丁民族進而考察善良的德意志人時，在尼柏隆根之歌中可以發現，克里姆喜特雖然在暗中鍾情於西格夫里德，並不亞於西格夫里德對她的懷慕，但是當君特宣佈他已把她許給一個武士（他沒有說出他的名字）時，她却簡單地囘答道：『您不須問我：您要我怎樣，我總是照辦；我的主，您要我嫁給誰，我就樂意和他訂婚。』她甚至連想也沒想到，她的愛在這裏是可以加以考慮的。君特向布綸喜德求婚，厄策爾向克里姆喜特求婚，而他們一次也不曾見過她們；同樣，在谷德隆裏面，愛爾蘭的玆澤柏特向挪威的烏塔求婚，赫澤林根的赫德爾向愛爾蘭的喜爾達求婚，以及摩爾蘭的玆格夫里德、奧爾曼的哈德摩特和西蘭的赫味喜三人向谷德隆求婚，都是如此；只有谷德隆在這裏才自由決定嫁給赫味喜。年輕王公通常是當他的父母還健在的時候由他們給他選擇未婚妻的；而在雙親已去世的時候，他便跟大封建主商議，自行選擇，在這種場合，大封建主的意見總是起着很大作用。實際上也不能不如此。對於武士或男爵，像對於王公本人一樣，結婚乃是一種政治的行爲，乃是一種藉新的聯姻以加強自己勢力的機會；起決定作用的是家世的利益，而決不是個人的情感。在這種條件之下，關於婚姻問題的最後決定權怎能屬於愛情呢？

中世紀城市的行會市民，也是如此。單是那保護他的特權，帶有各種保留條件的行會規約，在法律上把他跟別的行會分開，或是跟本行會同事分開，並且還跟他的幫工和學徒分開的種種人爲的界限，就相當縮小了他尋求適當妻子的範圍。至於哪個未婚妻最爲適當一層，在這種複雜錯綜的體系下，就絕對不是決定於他個人的願望，而是決定於家庭的利益了。

這樣，直到中世紀最末時止，在無數場合，結婚一事依然如最初時起一樣，卽依然不是由結婚者自己決定的事情。起初，人們一出世就已經結了婚——跟整個一羣異性結了婚。較後的各種羣婚形式，大概仍是這種狀況，不過羣的範圍漸趨於狹小罷了。在對偶婚之下，通常是由母親給自己的子女安排婚事的；在這裏，新的親族關係的考慮，也起着決定的作用，這種新的親族關係須要保證年輕夫婦在氏族和部落中有更牢固的地位。而當私有財產的份量超過公共財產以及隨着對繼承權的關切而父權制和一夫一妻制佔了支配地位的時候，婚姻的締結便開始完全以經濟性的考慮爲轉移了。購買婚形式雖在消滅，但這一婚姻在本質上却日益廣泛流行起來，以致不僅女子，卽男子也不是照他們的個人品質，而是照他們的財產來衡量了。以兩方的相互愛情高於其他一切考慮作爲結婚依據的事情，在統治階級的實踐上是從所未聞的事情。只有在浪漫事跡中，或者在不受重視的被壓迫階級中才有這樣的事情。

這就是資本主義生產從地理發現時代起，由於有世界貿易和工場手工業，已在準備取得世界統治權的時候所存在的情况。應該認爲，這種結婚方式對於資本主義生產是最合適的結婚方式，事實上也確是如此。但是——世界歷史的諷刺是無窮無盡的——正是資本主義注定要在這裏打破一個大缺口。這種生產把一切變成了商品，從而消滅了過去所遺留下來的一切古舊關係，它用買賣、用『自由』契約代替了代代相因的習慣，歷史的法權。英國一位法學家美恩曾說，跟以前的諸時代比較，全部現代進步就在於 from status to contract，卽由世襲的制度進到了自由契約所規定的制度，他這樣說時自以爲是作了一個偉大的發現，其實這點——在它是正確的限度內——在共產黨宣言中早已說過了。

然而人們要能締結契約，就得能自由處理自己的人格、行動和財產，並且相互平等。創造這種『自由』而『平等』的人，正是資本主義生產的最主要職能之一。雖然這在最初不過是半自覺地發生的，而且穿上宗教的外衣，但是自從路德派的和加爾文派的宗教改革運動時起，却牢固地確立了這樣一種原則，卽人只有在他握有意志的完全自由作出自己的行爲時，他才能對這些行爲負完全的責任，而對於任何強迫進行不道德行爲的作法予以反抗，乃是道德的責任。然而這與從前的結婚實踐怎能協調呢？依照資產階級的理解，婚姻是一種契約，是一種法權行爲，而且是最重要的法權行爲，因爲它決定了兩個人終身肉體的和精神的命運。不錯，那時這種契約在形式上確是自願締結的，是除非有雙方同意不可的。不過，人人都十分明白這一同意是如何得到，婚約實際上是誰訂立的。在締結別的契約時既要求眞正自由的决定，那末在訂立婚約時爲什麼不要求這種自由的決定呢？難道兩個將要結合的青年人，沒有權利可以自由處理他們自己、他們的身體以及身體器官嗎？難道性愛不是由於有武士風才成了時髦，難道夫婦愛不是一反這種跟通姦相聯系的武士愛而爲性愛的正確的資產階級形式嗎？要是互愛爲夫婦的責任，那末相愛者自己結婚而不容任何別人包辦代替，難道不同樣也是他們的責任嗎？相愛者的這種權利，難道不是高出於父母、親族以及其他通常的婚姻中介人以及媒妁的權利以上嗎？既然自由的個人選擇權已無禮地侵入了教會和宗教的範圍內，那末它怎能在長輩硬想支配下一代人身體、精神、財產、幸福和不幸的難堪要求前面停止下來呢？

這些問題，當社會的一切舊有聯系已經鬆弛，一切因襲觀念已經動搖的時候，都是不能不提出來的。世界一下子增長了差不多十倍之多；現在展開在西方歐洲人面前的，已不是一個半球的四分之一，而是整個地球了，他們都急於要去佔有其餘的七個四分之一。傳統的中世紀思想方式的千年藩籬，也隨着舊日的狹隘故鄉界限而一起倒塌了。在人的對外的和內心的視線前面，都展開了無限廣大的視野。在爲印度財富以及墨西哥和波托西金銀礦所引誘的青年人看來，品行端莊的名譽以及從好幾世代傳留下來的榮耀行會特權，又能有什麼意義呢？那對資產階級說來是個武士漫遊時代；資產階級也有他們自己的浪漫事跡和戀愛幻想，但這都是按照資產階級方式，而且歸根到底是抱有資產階級目的的。

於是形成了這樣的情況：日益興起的資產階級，特別是在現存制度最受動搖的新教諸國裏面，都愈來愈承認婚姻也有締結契約的自由，並以上述的方式實行了這一自由。婚姻依然是階級的婚姻，但在階級的限度以內則承認結婚者均有某種程度的選擇自由。在紙上，在道德理論以及詩歌描寫上，再沒有比不基於相互性愛和夫妻眞正自由同意的任何婚姻都是不道德的那個觀念更堅固確定的觀念了。總之，戀愛結婚曾被宣佈爲一種人權，並且不只是一種男權（droit de l'homme），而且——在例外的情況下——也是一種女權（droit de la femme）。

但是，這種人權，有一點是與其他一切所謂人權不同的。其他一切所謂人權，在實踐上是只限於統治階級即資產階級，而對於被壓迫階級即無產階級則是直接或間接化爲烏有的，而在這裏，却又表現出了歷史的諷刺。統治階級依然受某種經濟影響所支配，因而在他們中間，眞正自由締結的婚姻只是例外，而在被壓迫階級中間，像我們所已看到的，戀愛結婚却是通例。

可見，結婚的充分自由，只有由於資本主義生產及其所造成的財產關係的消滅已把今日對選擇配偶尙有巨大影響的一切派生的經濟顧慮消除以後，才能普遍達到。到那時候，除了相互的愛慕以外，再也不會有別的動機存在了。

性愛就其本性來講旣是排他的，——雖然這種排他性在今日只有對於婦女才是有效的，——那末，基於性愛的婚姻，就其本性來講便是專一婚姻。我們已經看到，巴哥芬把由羣婚轉到專一婚的發展看作主要應歸功於婦女方面的一種進步，是作得很正確的；只有由對偶婚進到一夫一妻制的過渡，才應歸功於男子；在歷史上，這實質上是使婦女地位惡化，而便利了男子破壞貞操的。所以，只要那迫使婦女不得不容忍男子這樣通常破壞貞操的經濟顧慮一經消失，如關於自己生活，尤其關於自己孩子前途的顧慮一經消失時，那末由此而達到的婦女平權，依據從前的一切經驗來判斷，與其說會促進婦女去過一妻多夫的生活，却不如說會大大促進男子去過眞正一夫一妻的生活了。

但是，這樣一來，一夫一妻制就會完全脫除掉它因其起源於財產關係而被烙上的兩個特徵，即男子的支配權和婚姻的不可離異性。男子在婚姻上的支配權只是男子在經濟上的支配權的後果，它本身是要隨着後者的消滅而消失的。婚姻的不可離異性，部分地是一夫一妻制所由以發生的經濟狀況的後果，部分地是這種經濟狀況跟一夫一妻制間的聯繫尚未被正確理解並且爲宗教所誇大時的傳統。到了今日，這種不可離異性已經時常受到破壞了。如果只有根據愛情結成的婚姻才是合乎道德的，那就單祇繼續有愛情存在的婚姻才仍然是合乎道德的了。可是，個人性愛的長久性在各個不同的個人中間，尤其在男性中間，是各不相同的，要是感情已經完全消失或者已被新的熱烈的戀愛所排除，那末離婚，無論對於雙方或對於社會，都成爲一件幸事了。只是不要使人們陷入無謂的離婚訴訟泥汚中。

這樣，我們現在關於資本主義生產行將消滅以後兩性關係形式所能推想的，主要是屬於否定的性質，大都限於即將要消滅的東西。但是將會出現什麽新的東西呢？這要取决於成長起來的新的一代人：即取决於在生活中再不須用金錢或其他社會權力的手段去購買婦女的男子，和除了眞實的愛情以外，再不須爲了其他某種動機而委身於男子，或因對經濟後果的恐懼而拒絕委身於她所愛的男子的女子。當這樣的人一經出現，對於今日認爲他們所應當做的一切，他們將會置之不理，他們自己會知道他們應當怎樣行動，他們自己也會造成與此相適應的關於每一個人行爲的輿論——如此而已。

不過，現在還是讓我們回頭來談我們把他丟的相當遠了的摩爾根吧。對文明時期發展起來的社會體制作歷史的研究，是超出他那部著作的範圍以外的。所以，他只是簡單地談論了一夫一妻制在這一時期的命運。他也認爲一夫一妻制家庭的進一步發展是一種進步，是一種向兩性完全平權的接近，然而他並不認爲這一目標已經達到了。但是，——他說——『如果承認家庭已經依次經過四種形式，而現在正處在第五種形式中這一事實，那就要發生一個問題，即這一形式將會保持多久？答案可能只有一個：它正如過去的情形一樣，一定是隨着社會的發展而發展，隨着社會的變化而變化。它作爲社會制度的產物，將反映社會文化發展的程度。既然一夫一妻制家庭從文明期開始以來，已經顯著地改進了，在近代特別顯著，那末至少可以推測，它能夠有更進一步的改進，直至達到兩性的平權爲止。要是一夫一妻制家庭在遙遠的將來變得不能執行社會的要求，那就不能事先預言它的繼起者將具有如何的性質了。』

（三）易洛魁人的氏族

我們現在來講摩爾根的另一發現，這一發現至少是跟他根據親族制度把原始家庭形式描繪出來有着同等重要的意義。摩爾根證明：美洲印第安人部落內部用動物名稱命名的氏族聯盟，在本質上跟希臘人的 genea 和羅馬人的 gentes 相同；美洲的形式是始初的形式，而希臘和羅馬的形式是晚出的、派生的形式；上古時代希臘人和羅馬人的具有氏族、胞族和部落的全部社會組織，跟美洲印第安人的組織極其相似；氏族，直到野蠻人轉向文明爲止，甚至再往後一點（就根據現有資料可以判斷者而言），乃是一切野蠻人所共有的制度。摩爾根論證了這一切以後，便一下子說明了希臘、羅馬上古歷史中最困難的地方，同時又出乎意料地給我們闡明了國家發生以前原始時代社會組織的基本特徵。雖然這個發現在人們已經知道它之後顯得十分簡單，但摩爾根只是在最近才作出了這個發現；在他於一八七一年出版的前一部著作中，他還沒有看透這個秘密，而當這個秘密一揭開之後，就使得英國那些一向自信的原始歷史學家們暫時沉默下去了。

摩爾根到處用以表示這種氏族聯盟的拉丁語 gens 一詞，像同意義的希臘語 genos 一詞一樣，是導源於一般雅利安語的字根 gan（德語爲 kan，因爲這裏按照通例應該用 k 代替雅利安語的 g），意卽『生殖』。Gens, genos，梵語的 dschanas，哥特語的（依照上述通例的）kuni，古代斯堪的那維亞及盎格羅撒克遜語的 kyn，英語的 kin，中期高地德意志語的 künne，都是同樣表示着氏族或起源。不過拉丁語的 gens 和希臘語的 genos，都是專用以表示一種氏族聯盟，這種聯盟以共通的起源（在本場合是出自一個共同的男祖先）自豪，並由某種社會的和宗教的體制結合成爲一個單獨的集團，但是這種集團的起源和本性，迄今對現代一切歷史家都還模糊不清哩。

我們在前面，在研究『普那路亞』家庭時，已經看到原始形式的氏族是怎樣構成的了。它的成員就是一切由於『普那路亞』婚姻並由於在其中必然佔統治地位的觀念而構成一個一定女始祖卽氏族創立者公認子孫的人們。由於在這種家庭形式下，父親不能十分確定，所以只承認女系。又因爲兄弟不得娶自己的姊妹爲妻，而只能跟其他血統的婦女結婚，所以凡是跟這些別族女子生出的子女，就由於母權制而只落在氏族以外。這樣，留在氏族聯盟內部的就只有各代女兒的子孫，而兒子的子孫則歸入其母親的氏族裏面了。當這種血緣集團構成一個單獨的集團，而與同一部落內其他類似集團相對立時，它成爲什麼樣子呢？

摩爾根舉出易洛魁人的氏族，特別是塞奈卡部落的氏族，作爲這種原始氏族的典型形式。這個部落內有八個氏族，都是以動物名稱命名：（一）狼，（二）熊，（三）龜，（四）海狸，（五）鹿，（六）鷸，（七）蒼鷺，（八）鷹。每個氏族內都存在有以下的風俗：

（一）氏族推選一個『酋長』（平時的首長）和一個首領（軍事首領）。酋長必須從本氏族成員中選出，這個職位在氏族內是世襲的，因爲它一有空缺，必須立刻補上；軍事首領，可以不由氏族成員中選出，而他的職位有時可能暫缺。由於易洛魁人中間盛行的是母權制，從而兒子是屬於別一氏族的，所以酋長從不是選舉前屆酋長的兒子來充當，而往往是選舉他的兄弟或他姊妹的兒子來充當的。所有的人——男子和女子——都參加選舉。但是，選舉結果須經其餘七個氏族一致批准，然後當選者才可正式宣佈就職，並且要由全易洛魁聯盟總議事會決定宣佈就職。這種行動的意義，在後面就可以看清楚。酋長在氏族內部的權力，是父親般的，純粹道德性質的；他沒有強制的手段。就職位說，他同時是塞奈卡部落議事會以及全易洛魁人聯盟議事會的一員。軍事首領僅在出征時有發號施令之權。

（二）氏族可隨意撤換酋長和軍事首領。這仍是由男女共同決定的。 公務人員被撤職後，便成爲跟其他人們一樣的普通戰士。可是，部落議事會甚至違反氏族意志也可以撤換酋長。

（三）氏族成員中任何人不得在氏族內部娶妻。這是氏族的根本規則，亦即維繫氏族的紐帶；這是極肯定的血緣親族關係的一個否定性的表現，而正是由於有這種血緣親族關係，各個個人才聯合成爲一個氏族。摩爾根由於發現了這一簡單的事實，便第一次闡明了氏族的本質。從前關於蒙昧人和野蠻人的報告，總是把構成氏族制度的各種集團都不分青紅皂白籠統混在一起，稱爲部落、氏族、宗族等等，而且往往在講到它們時就說這種集團內部禁止通婚，由此可以看出從前一般人對於氏族的本質該是怎樣很少瞭解。這樣便造成了一種絕望的混亂，而麥克林南就在這個混亂中充當拿破崙的角色，爲建立秩序而作出了如下一種強力的判決：一切部落分爲部落內部禁止通婚的（族外婚部落）和許可通婚的（族內婚部落）兩種。他這樣把問題澈底混淆以後，便埋頭於最深奧的研究，探討在他的兩個荒謬無稽的範疇中，究竟以哪一種爲較古：是族外婚還是族內婚？ 自從發現了那以血緣親族關係爲基礎，因而其中各個成員彼此不能通婚的氏族以後，這種荒謬的說法就不攻自破了。 不言而喻，在我們見到的易洛魁人所處的那種發展階段上，氏族內部禁止通婚的規則是被嚴格遵守着的。

（四）死者的財產轉歸其餘的同族人所有，它必須留在氏族中。由於易洛魁人所能遺留的物件為數很少，所以遺產就由他的最近的同族人分享；在男子死去時，由他的同胞兄弟、姊妹以及母親的兄弟分享；在婦女死去時，由她的子女和同胞姊妹而不是由她的兄弟分享。由於同一原因，夫婦不能彼此繼承，子女也不得繼承父親。

（五）同族人應該相互援助、保護，特別是在受到異族人欺侮時，應該幫助報仇。在保護自己安全方面，個人依靠於氏族，而且也能這樣作；誰侮辱了個人，便算侮辱了全體氏族。因之，從氏族的血緣中便發生了那為易洛魁人所絕對承認的血族復仇的義務。假使一個氏族的人員殺害了另一個氏族的人員，那末被害者的氏族必須全體實行血族復仇。起初總是試行調解；行兇者的氏族方面的議事會召開會議，向被害者的氏族方面的議事會提議和平了結事情，——大抵是用道歉並提議贈送巨額禮物的方式。提議被接受時，事情就算解決了。不然，受害者的氏族就指定一個人或幾個人作復仇者負責尋出兇手，把他殺死。如果做到了這點的話，那末被害者的氏族便再沒有訴怨的權利，事情就算了結了。

（六）氏族有一定的名字或一系列的名字，在全部落內只有該氏族本身才能使用這些名字，因此，氏族個別成員的名字就表明他屬於哪一氏族。氏族的權利是跟氏族的名字密切相聯的。

（七）氏族可以收容異族人為養子，並用這個辦法吸收他們為全部落的成員。這樣，未殺死的軍事俘虜，由於在一個氏族內收為養子，就成為塞奈卡部落的成員，從而獲得了氏族的和部落的一切權利。收容養子的事情，依氏族的個別成員的提議實行：可以由收納異族人作為兄弟或姊妹的男子提議實行，也可以由收納異族人為自己孩子的女子提議實行；為了確認這種收養，必須舉行莊嚴的入族典禮。個別的因特殊情形而人丁不旺的氏族，常常由於從別一氏族（經其同意）大量收容養子而重新強盛起來。在易洛魁人中間，入族典禮是在部落議事會的公共集會上舉行，結果實際上使這種典禮變為一種宗教儀式了。

（八）印第安人氏族有無特殊的宗教節慶，很難確定；不過，印第安人的宗教儀式多少是跟氏族聯繫在一起。 在易洛魁人的每年六次宗教節慶時，各個氏族的酋長和軍事首領，依其職位，都列為『信仰督察人』，執行術士職能。

（九）氏族有共同的墓地。在紐約州境內四周都為白種人包圍的易洛魁人那裏，這種墓地現在已經消逝了，但從前是存在過的。在其他印第安人中間，這種墓地還保存下來，例如，跟易洛魁人血統相近的圖斯卡羅拉人，他們雖然是基督教徒，但在墓地上，每一氏族有獨特的行列，因此總是把母親，而不把父親跟子女埋在一個行列裏。而且在易洛魁人中間，死者的全氏族還須參加葬儀，安排墳墓，宣讀悼詞等等。

（一〇）氏族有議事會，它是氏族一切享有平等表決權的成年男女成員的民主集會。在這種議事會上，選舉並更換酋長和軍事首領，以及其餘的『信仰督察人』；作出關於對被殺害的同族人的贖金（wergeld）或血族復仇的決定；收容異族人為氏族成員。總之，它是氏族中的最高權力機關。

典型的印第安人氏族的權能就是如此。 摩爾根說：『它的全體成員都是自由人，都有相互保衛自由的義務；不論酋長或軍事首領，都享有平等的個人權利，並不要求任何優越權；他們是由血緣結合的親密集團。自由、平等、友愛，雖然從來沒有過明文規定，却是氏族的根本原則，而氏族又是整個社會制度的單位，是有組織的印第安社會的基礎。每個人都不得不承認印第安人具有的那種強烈的獨立感和自尊心，正可由此來說明。』

到發現美洲的時候，全部北美洲的印第安人，都已依照母權制組成為氏族。僅在某幾個部落如達科特部落中間，氏族已經衰落

9*

了；在另外幾個部落如奧傑布華、奧馬哈等部落中間，氏族已是依照父權制組織的了。

在許多有五六個以上氏族的印第安人部落中間，我們可以遇到一種特別集團的組織，每個集團包括有三四個或更多的氏族；摩爾根用希臘語中類似的字眼確切地表達了印第安人的名稱，把這種集團叫做『夫拉特里』（胞族）。比方，塞奈卡部落有兩個胞族；第一個胞族包括第一到第四各氏族，第二個胞族包括第五到第八各氏族。若更詳細地研究起來，便可發現，這種胞族大抵是部落最初分成的原始氏族；因爲由於禁止氏族內部通婚，每個部落必須至少包括二個氏族，才能獨立存在。隨着部落的增殖，每個氏族又分爲二個或二個以上的氏族，這些氏族這時也成爲獨立的了，而包括一切女兒氏族的原始氏族，仍當作胞族而繼續存在。在塞奈卡部落及其他多數印第安人中間，一個胞族內的各氏族，認爲是兄弟氏族，而別個胞族的各氏族則認爲是從兄弟氏族，——這種名稱在美洲親族制度中，如我們已看到的，都具有極現實而明確的意義。起初沒有一個塞奈卡人能夠在胞族內部結婚，但是這種習慣久已失去意義，這時它只存在於氏族以內。根據塞奈卡部落的傳說，『熊』和『鹿』兩個氏族是原始氏族，其他氏族都是從這兩個氏族派生的。這個新制度自確立以後，它由於需要而發生了變化；要是某一胞族的某些氏族絕亡了，那末往往從別的胞族中撥一些氏族去補充。因此，我們在不同的部落中間，可以找到按照各種方式集結於胞族中的名稱相同的氏族。

易洛魁人那裏各個胞族所負的職能有些是社會性質的，有些是宗教性質的。（一）各個胞族可互作球賽；每一胞族選出自己的優等球手，其餘按胞族分別觀看球賽，並以球手的勝負打賭。（二）在部落議事會上，每個胞族方面的會長和軍事首領坐在一起，一集團對着一集團，每個演說者向各胞族的代表們講話，好像是對特別的團體講話似的。（三）如果部落內發生殺人事件，而行兇者和被害者又不屬於同一個胞族，那末被害者氏族常常訴諸自己的各個兄弟氏族；於是這些氏族就召集胞族議事會，向對方胞族全體提出要求，使它也召集自己的議事會來和平解決事件。所以，這裏胞族又是以原來的氏族資格出現，並且是比它派生的較微弱的單個氏族更有希望獲得成功的。（四）在卓越人物死亡時，對方胞族辦理殯殮和喪禮，而死者胞族的人員以死者的親近服喪人資格參與葬儀。酋長死時，對方胞族將缺位一事通知易洛魁人的聯盟議事會。（五）在選舉酋長時，胞族議事會也出而參預。兄弟氏族批准選舉結果，被認爲是理所當然的事情；但別個胞族方面的各個氏族可以提出異議。在此種場合，這個胞族的議事會便召開會議；如果議事會認爲異議是正當的話，選舉結果就被認爲無效了。（六）從前在易洛魁人中間有過一種特殊的宗教神秘儀式，白種人把這種儀式稱爲medicine-lodges[1]。這種儀式在塞奈卡部落內是由兩個宗教團體所主持的，它們在接收新的成員時舉行特殊的儀式；兩個胞族中各有一個這樣的宗教團體。（七）如果——而這差不多是不成問題的——在美洲被征服時期居住於達拉斯加拉四個區的四個氏族（lin-ages）都是四個胞族，那末這就證明，這種胞族也像希臘人那裏的胞族以及日耳曼人那裏類似的氏族聯盟一樣，也有軍事單位的意義；這四個氏族，各成一軍，各穿各的制服，有各自的旗幟，在各自的首領指揮下參加作戰。

幾個氏族組成一個胞族，而幾個胞族在典型的氏族制度形態中組成一個部落；在某些場合，在極削弱了的部落那裏是缺乏胞族作爲中間環節的。美洲那裏各個印第安人部落有什麽特徵呢？

（一）有自己的領土和自己的名稱。每一部落，除自己確實居住的地方以外，還佔有廣大的地區，以供打獵和撈魚。在這塊地區境界之外，有一塊一直伸展至鄰近部落境界的廣闊中立地帶；在語言相似的各部落中間，這種中立地帶比較狹小；在語言不通的

[1] 意即「巫師集會」。——編者註。

各部落中間，中立地帶比較大。 這種中立地帶是跟日耳曼人的邊境森林，跟愷撒的蘇匯維人在其地區四周所設立的荒野相同的；這是跟丹麥人和日耳曼人間的 îsarnholt （丹麥語爲 jarnved，limes Danicus），跟日耳曼人和斯拉夫人間的薩克遜森林和 branibor（斯拉夫語拼音，意即『防護林』，勃蘭登堡這一名稱即由此發生）相同的。這種並不是由一定界限劃分開來的地區，乃是部落共有的土地，爲相隣部落所承認，由部落本身進行防衛免受他人侵佔的。境界不確定的情形，大半僅在人口巨量增加時才會使人感到有實際不方便之處。部落的名稱，大概多半是偶然發生，而不是有意識選擇的。隨着時代的進展，往往有這種情形發生，即鄰近部落給一個部落取的名字，跟該部落給自己取的名字不同，如像克勒特人給德意志人取了他們最初的歷史的總稱呼爲『日耳曼人』那樣。

（二）有僅爲這個部落所有的特殊方言。在事實上，部落跟方言在本質上是一致的；通過分裂而形成新部落和新方言的現象，不久以前還在美洲發生過，並且今天也未必已經完全停止。在兩個衰落的部落合而爲一的地方，有時例外地在同一個部落內說着兩種極爲相近的方言。美洲各部落的平均人數是在二千人以下；然而齊洛基部落有二萬六千人，這是在美洲說同一方言的數目最多的印第安人。

（三）有權宣告由氏族所選出的酋長和軍事首領正式就職。

（四）有權把他們——甚至違反他們氏族的願望——免職。既然這些酋長和軍事首領都是部落議事會的成員，那末部落對他們有權這樣作就是當然的。凡已經組成部落聯盟以及加入該聯盟的一切部落都有代表參加聯盟議事會的地方，上述的權利便轉歸於聯盟議事會了。

（五）有共同的宗教觀念（神話）和禮拜儀式。『印第安人是依其野蠻人方式信教的人民。』他們的神話至今還遠沒有受到批判的研究；他們已給自己的宗教形象——所有各種精靈——賦予了人的形態，但他們所處的野蠻期低級階段，還沒有過具體的神像，即所謂偶像。這是向多神教發展着的崇拜大自然和自發力的觀念。各部落各有其正規的節慶連同一定的禮拜形式，即舞蹈和競技；舞蹈尤其爲一切宗教祝典的主要構成部分；每一部落都是分別慶祝自己的節慶的。

（六）有討論公共事務的部落議事會。它是由各個氏族的酋長和軍事首領組成的——這些酋長和軍事首領是氏族的眞正代表者，因爲他們是可以隨時撤換的；議事會公開舉行會議，四周圍着本部落的其餘的成員，這些成員有權參加討論，要求聽取他們的意見；由議事會通過決議。照例，每個出席的人都可隨意發表意見，婦女也可經他們所委託的發言人陳述自己的意見。在易洛魁人中間，最後的決定需要有一致的意見，也好像日耳曼人的公社即馬爾克在決定某些問題時需要有一致的意見那樣。部落議事會的權限內包括有調整對其他部落的關係；部落議事會接受和派遣使節，宣布戰爭和締結和平。要是發生戰爭的話，那末戰爭大半是由志願兵來進行的。在原則上，每一部落都算是跟凡未與之訂立一定和平條約的部落處於戰爭狀態的。對這種敵人進行的軍事行動，大抵是由各個優秀的軍人來組織的；這些軍人佈置軍事舞蹈，一個人參加舞蹈就算是聲明說他已參加作戰，隊伍立刻組織起來，即時出動。部落所屬的地區受到侵犯時，其防衛大半也是由志願兵隊來擔任的。這種隊伍的出發和歸來，總是要用舉行公共的典禮來表示。這種出征並不需要得到部落議事會的同意，沒有人要求這種同意，也沒有人給與這種同意。這正如塔次特所記述的日耳曼人扈從隊伍的私人出征一樣，不過日耳曼人的扈從隊伍，已具有比較經常的性質，而成爲一種在平時已有組織，在戰時便團結其餘志願兵於其周圍的強固核心了。這種武裝隊伍很少有人數衆多的；印第安人的最大的出征，甚至是到距離很遠的地方去的出征，也是由不大的戰鬥力量來進行的。當數個這種隊伍爲了某一大規模戰事而聯合起來時，其中每個隊伍只服從它自己的首領；作戰計劃的統一，是多少由這些首領的會議來保證的。據阿密亞那斯•馬塞里那斯的記載，第四世紀阿利馬尼人在萊茵河上游的作戰方法，也是如此。

（七）在有些部落中間，有一個最高首領（Oberhäuptling），但他的職權並不大。他是酋長之一，當需要緊急行動時，他應在議事會可能召集會議來採取最後決定以前，採取臨時的措施。這裏我們看見了具有執行權力的機關脆弱的萌芽，但它大部分都是在以後的發展中歸於無用了的；這種執行權力，如我們在後面所將看到的，如果不是到處，那末至少在多數場合是由最高軍事首領（obersten Heerführer）職權中發展出來的。

美洲印第安人絕大多數沒有超出過聯合為部落的階段。他們的部落人數不多，彼此由廣大的邊境地帶隔離開來，而且為不絕的戰爭所削弱，以少數的人口佔有遼闊的地面。親族部落間的聯盟，往往是因暫時的緊急需要結成，隨着這一需要的消失即告瓦解。不過在個別地方，起初為親族的，但彼此分散的部落又重新團結為長久的聯盟，因而成為形成民族的第一步。在美國，我們在易洛魁人中間看見有這種聯盟的最發達的形式。他們原先本是住在密西西比河以西的地方，在那裏大概是為達科他人巨大親族集團中的一個分枝，後來他們從原先住居地域遷移出來，經過了長期的漂泊，最後才在今日的紐約州定居下來，分成五個部落：塞奈卡、揆尤加、溫嫩多加、奧奈達和摩卡福克。他們以捕魚、打獵和原始園藝為業；住在大半用欄柵防衛起來的村落中。他們的人數從未超過二萬；在所有五個部落中有幾個共同的氏族；他們說着同一種語言的各種近似方言，居住在由五個部落分佔的大片地區上。由於這片地區是他們不久以前才征服得來的，所以這些部落經常團結起來對付那些已被他們驅逐出去的部落，便是自然而然的事情了。這樣，至遲是在十五世紀初葉已形成了一個眞正的『永世聯盟』——這種聯盟一經意識到它所具有的力量，便立刻具有了進攻的性質，及至一六七五年左右達到強盛頂峯時，便征服了四周廣大的土地，把一部分居民驅逐出境，勒令另一部分居民朝貢。易洛魁人聯盟是印第安人在尚未越過野蠻期低級階段時（從而，墨西哥人、新墨西哥人和秘魯人除外）創立過的最發達的社會組織。聯盟的根本特點如下：

（一）五個血緣部落以彼此完全平等和各部落內部事務完全獨立為基礎結成永世聯盟。這種血緣親族關係是聯盟的眞實基礎。五個部落中有三個稱為父親部落，互為兄弟；其餘二個稱為兒子部落，也互為兄弟。有三個氏族——最老的氏族——在所有五個部落中都還有活的成員，而另外三個氏族只在三個部落中才有活的成員；這些氏族中每一氏族的成員在所有五個部落中都算是兄弟。僅在方言上有差異的共同語言，便是共同血統的表現和證據。

（二）聯盟的機關是由五十個按地位和榮譽一律平等的酋長組成的聯盟議事會；這個議事會對聯盟的一切事務作最後的決定。

（三）這五十個酋長在聯盟成立時就被分配到各部落和氏族去，担任專為聯盟目的所設立的新職務。當有缺位時，有關的氏族便選舉新人作為代理者並可隨時撤換；但批准任職權屬於聯盟議事會。

（四）這些參加聯盟的酋長，同時都是他們部落的酋長，有權出席部落議事會和參加表決。

（五）聯盟議事會的一切決議，必須經全體一致通過。

（六）表決是按部落舉行的，因此，每個部落，每個部落內的議事會全體會員都一致贊成時，決定才有效。

（七）五個部落議事會中的每一個都能召集聯盟議事會，而後者却不得自行召集。

（八）會議在集議的民衆面前公開舉行；每個易洛魁人都可以發言；但只有議事會才能作決定。

（九）聯盟沒有最高首長，即沒有主掌執行權的人。

（一〇）但聯盟有兩個具有平等職能和平等權力的最高軍事首領（類似斯巴達人的兩『皇』，羅馬的兩執政官）。

易洛魁人已在其中生活了四百餘年並且至今還在其中生活的社會制度，就是如此。我依據摩爾根來很詳細地敘述了這個制度，因為這裏我們有可能研究還不知國家為何物的那種社會組織。國家是以有一種與其全部經常組成員分離的特別公共權力爲前提的。所以，摩烈爾憑其正確的知覺，認爲日耳曼的馬爾克完全是和國家根本不同的一種社會制度，雖則它以後大抵作了樹立國家的基礎——摩烈爾在他的一切著作中，考察了公共權力從馬爾克、村落、田莊及城市原始組織中逐漸產生出來並且跟這種組織一起產生出來的情形。我們從北美印第安人中可以看出，一個原來統一的部落怎樣漸漸地散佈於廣濶的大陸上；各部落怎樣分裂而轉化爲部族，轉化爲完整的部落集團；語言怎樣改變，以致不僅成了彼此不能瞭解的東西，而且差不多消失了原來統一的任何痕跡；此外在部落內部個別氏族又怎樣分裂爲幾個氏族，老的母系氏族以胞族形式保存下來，但這些最老氏族的名稱在很疏遠的和早已彼此分離的部落中間仍是一樣，如：『狼』和『熊』仍是大多數印第安部落的氏族名稱。一般和整個說來，上述的社會制度是與所有這些部落相適應的，不過其中有許多部落沒有達到親族部落聯盟罷了。

可是我們也看到，氏族一旦成爲基本的社會細胞，那末就差不多要以不可克服的必然性（因爲這是理所當然的）從這種細胞中發展出氏族、胞族和部落的全部結構。這三種集團是代表着血緣親族關係的不同程度的，並且其中每個都是閉關自守，各自管理着自己的事情，但又是互相補充的。歸它們管轄的事項，包括着處於野蠻期低級階段的人們的全部公共事務。所以，我們遇見某一部族是以氏族作爲基本社會細胞時，就應該在它那裏找到類似這裏描述的部落組織；凡有充足資料的地方，如在希臘人和羅馬人那裏，我們不僅能找出這種組織，而且會確信到，甚至在沒有這種資料的場合，我們也只要與美洲社會制度作一比較，就可解決一切極困難的爭論問題和疑難了。

這種氏族制度，儘管極其幼稚簡單，該是一種何等美妙的組織呵！沒有軍隊、憲兵和警察，沒有貴族、國王、總督、知事和審判官，沒有監獄，沒有訴訟，而一切都條理井然。一切紛爭和誤會，都由有關者集體即氏族或部落來解決，或由各個氏族相互解決；血族復仇僅是很少運用的極端手段，而我們今日的死刑就是這種復仇的文明形態，不過帶有文明的一切利弊罷了。雖然當時的公共事務比今日更多，——要知道家庭經濟都是由好多家庭共同和共產主義式經營的，土地乃是全部落的財產，僅有小小的園圃歸家庭經濟暫時使用，——可是，絲毫沒有今日這樣臃腫龐雜的管理機關。一切事情都由有關者自己解決，而在大多數場合是歷來的習慣已把一切調整好了。貧窮困苦的人是不會有的，因為共產制經濟和氏族都知道本身對老者、病人以及戰爭殘廢者所負的義務。大家都是平等自由的，包括婦女在內。還沒有奴隸，因為一般還沒有奴役異部落的現象。當易洛魁人約在一六五一年間征服了伊里部落和『中立部落』時，他們曾向他們提議作為完全平等的成員加入自己的聯盟；只有在被征服者拒絕這個提議時，他們才被逐出了原有的地區。至於這種社會產生出怎樣的男子和女子，那末凡是跟沒有腐化的印第安人接觸過的白種人都稱讚這種野蠻人的自尊心、正直、剛強和勇敢精神，也就可以說明了。

不久以前，我們在非洲看到了這種勇敢的例子。卡斐爾咀魯人在數年前，也像努比安人在數月前一樣[1]——兩者都是氏族制度尚未消逝的部落，——曾作出了任何歐洲軍隊都不能做到的事情。他們沒有火器，僅僅携帶有戈矛和投槍在英國步兵（按密集隊形戰鬥說是公認為世界第一的步兵）速射槍彈雨下衝向前去造成白刃戰，不止一次衝散英軍隊伍，甚至把他們再三擊退，儘管雙方武裝懸殊，儘管他們並未服過什麽兵役，不知道什麽是列隊作戰。英國人訴苦說，卡斐人一晝夜比馬走的還遠，比馬走的更快，由此就可知道他們能夠經受什麽和作出什麽了。『他們每一條結實而強韌如鋼的最微小的筋，就像鞭條一樣。』——英國的一位畫家這樣說過。

[1] 係指英國人於一八七九年對非洲咀魯人進行和於一八八三年對非洲努比安人進行的戰爭。——編者註。

在沒有分化為不同階級以前，人們和人類社會就是如此。要是我們把他們的狀況跟現代極大多數文明人的狀況作一比較，那末就可以看出，今日的無產者或農民跟古代自由氏族成員間的差別是極大的。

這是問題的一個方面。但我們不應忘記，這種組織是註定要滅亡的。它是沒有超出部落範圍的；我們往後就要看到，並且在易洛魁人想奴役其他部落的企圖中已經暴露出，部落的聯盟就是表明這種組織已開始崩潰了。凡是超出部落範圍的，便是超出法律範圍的。在缺乏確定和平條約的條件下，到處籠罩着各部落間的戰爭，並且人們進行這種戰爭的殘酷程度簡直不是別的動物所能比較，只是後來才因受物質利益影響而稍微緩和下去的。像我們在美洲所看見的那樣處於全盛時期的氏族制度，其前提是生產極不發達，因而廣大地域上人口極少，因而人們差不多完全受着陌生的、敵對的、不可理解的外部自然支配，這反映於天眞素樸的宗教觀念中。部落始終是人們的界限，無論就其對別一部落的人們說或對其本身說都是如此：部落、氏族及其體制都是神聖不可侵犯的，都是由自然產生而為各個人在情感、思想和行動上必須無條件服從的最高權力。這時代的人們儘管在我們今天看來顯得十分威嚴，但他們彼此並沒有什麽差別，用馬克思的話說，他們還沒有脫離原始公社的臍帶。這種原始公社的權力是一定要被打破的，而且它確實被打破了。但它是因受那些在我們看來簡直是一種墮落，是一種離開古昔氏族制度純樸道德高峰的墮落影響而被打破的。最卑下的利益——庸俗的貪慾、粗暴的情慾、卑劣的吝嗇、掠奪公共福利的私利觀念——揭開了新出世的文明的階級的社會；最可鄙的手段——偷竊、暴力、欺詐、背叛——使舊的無階級的氏族制度陷於損毀並且走到崩潰了。這個新社會在其整整二千五百餘年存在期間，只是表現為區區少數人靠犧牲被剝削被壓迫絕大多數人利益而求得發展，並且它現在比以往任何時候更是如此。

（四）希臘人的氏族

希臘人，像皮拉斯齊人以及其他源於同一部落的人民一樣，在史前時期，就已經像美洲人那樣按照一個有機性的次序即按氏族、胞族、部落、部落聯盟單位組織起來了。胞族可能是如在多利安人中間一樣不存在，部落聯盟也可能不是到處都成立有，但氏族在一切場合都是基本的細胞。希臘人到他們出現於歷史舞台的時候，已經處在文明期的門檻上了；他們與上述美洲諸部落相距差不多有整整兩個很大的發展時期，就是說英雄時代的希臘人超越易洛魁人這麼兩個時期。所以，希臘人的氏族已經不是像易洛魁人那樣古老的氏族了， 羣婚的痕跡已開始顯著消失。 母權制已讓位給父權制；隨之發生的私有財富已在氏族制度上打開了頭一個缺口。第二個缺口便是第一個缺口的自然後果：既然在實行父權制以後，一個富有女子所繼承的財產在她出嫁時就應歸其丈夫所有，即歸別一氏族所有，於是人們就摧毀了全部氏族法權的基礎，不僅容許少女，而且使她必須在氏族內部出嫁，以便把少女的財產保存在自己氏族以內了。

據格羅脫的希臘史，雅典的氏族是以如下各點爲基礎的：

（一）共同舉行的宗教節慶，只是術士才有權主管神聖儀節來祭祀一個設想爲氏族始祖的一定天神。這個天神作爲氏族的始祖取有特別的名稱。

（二）公共墓地（參照德摩斯芬的攸彪利底）。

（三）相互繼承權。

（四）在受到侵害時彼此應該予以幫助、保護和支援。

（五）在某些場合，特別是在事關孤女或女繼承人的時候，彼此有權並且應該在氏族內部實行結婚。

（六）共同佔有——至少在若干場合——財產，並爲此設置有氏族長和管帳人。

後來有幾個氏族結合爲一個胞族，不過關係並不那麼密切；但是卽在這裏，我們仍能見到類似的相互權利和義務，特別是要共同舉行一定的宗教儀式以及在某一胞族人員被殺時有權實行追究。一個部落所有各個胞族又經常定期共同舉行節慶，由顯貴（eupatrides）中間選出一個部落長老（phylobasileus）來主持。

格羅脫就是這樣說的。馬克思又對此補充說：『但通過希臘氏族也可明顯看淸蒙昧人（例如易洛魁人)。』要是我們作進一步的研究，那他就會表現得更淸楚。

其實，希臘的氏族還具有以下的特徵：

（七）按照父權制計算血統。

（八）禁止氏族內部結婚，只有跟女繼承人結婚才是例外。這一例外及其定爲法律，就證實古時的規例還是有效的。這也是從大家必須遵行的規例中產生出來的，卽婦女出嫁時就不參與本氏族的宗教儀式，而改行她所編入的丈夫胞族的宗教儀式。根據這點以及狄克阿爾霍斯的著名引述看來，可見在氏族以外結婚乃是通例，而貝克爾則在哈利克爾中逕直認爲無論何人都不得在自己氏族內部結婚。

（九）有權以氏族名義收容養子；這種權利實現的辦法是由家庭收容養子，但須遵守公衆的手續，並且只是作爲例外。

（一〇）有權選舉和罷免首長。我們知道，每一氏族都有自己的氏族長。至於這一職位是在一定家庭裏世襲一層，什麼地方也沒有提及。在野蠻期結束以前，想必還沒有嚴格的職位繼承制，因爲它是跟氏族內部的富人和窮人享有完全平等權利的秩序不相容的。

不僅格羅脫，而且尼布爾、蒙森及其他一切經典古代史研究家，迄今都沒能把氏族問題解決。不論他們如何正確地叙述了氏族的許多特徵，但他們總是把它看作家庭集團，因此便不能理解氏族的本性和起源。在氏族制度下，家庭從來不是，也不可能是組織的細胞，因爲夫和妻必然是屬於兩個不同氏族的。氏族整個兒包括在胞族以內，胞族整個兒包括在部落以內；而家庭却是一半包括在丈夫所屬的氏族以內，一半包括在妻子所屬的氏族以內。國家在其公法上也不承認家庭，迄今家庭只是存在於民法上。然而我們的全部歷史科學，直至現在都是從一個妄誕的假定出發的，——這種假定尤其是在十八世紀已成爲不可侵犯的了，——即以爲那未必早於文明期的一夫一妻的個體家庭，曾是社會和國家所賴以逐漸凝結起來的核心。

馬克思補充說：『格羅脫先生應當進一步指出，雖然希臘人將他們的氏族探溯於神話，但是這種氏族却比他們自己所造成的神話及其神們和半神們要更爲古老。』

摩爾根愛引用格羅脫的話，因爲後者是一個威望很高的和十分值得信賴的證人。格羅脫更說到，每個雅典氏族都有一個從他們的設想的祖先傳給他們的名字，在梭倫時代以前，通常由死者同族人（gennêtes）承繼死者的財產，在梭倫時代以後，死者如無遺言，其財產亦由同族人繼承。遇有殺害時，向法庭告發犯罪者首先是被害者近親，其次是其餘同族人，最後是其胞族人員的權利和義務：『凡我們所知道的最古的雅典法律，都是以氏族和胞族的劃分爲基礎的。』

氏族出自共同祖先的起源，成了『學者庸人』（馬克思語）絞盡腦汁而不能解決的難題了。自然，他們既認爲這種祖先是純粹的神話，所以簡直無論怎樣也不能解釋氏族如何從許多各自分離、起初甚至不是相互有親族關係的家庭發生出來的事實，然而單是爲了要說明氏族的存在，這個問題也必須解決才行。他們在空談的圈子中兜來兜去，並不能超出這樣一個論點：系譜自然是一種神話，可是氏族却是的確存在的，而格羅脫終於說出了下面的話（括弧裏是馬克思加的按語）：『我們僅僅間或聽到這種系譜，因爲僅在某種個別場合，特別是在隆重場合才公開提到它。可是較小的氏族也有其共同的宗教禮儀（這眞是怪事，格羅脫先生！），有共同的超人的祖先，有共同的系譜，正和較有名的氏族一樣（格羅脫先生，這是在較小的氏族之中，該是多麼奇怪！）；根本的計劃和觀念的基礎（親愛的先生！不是觀念的而是物質的，簡單說是肉體的！）在一切氏族中間都是相同的。』

馬克思把摩爾根對這個問題的答案總括如下：『適應於原始形式的氏族——希臘人也像其他部族一樣，曾有過這種形式的氏族——的血緣親族制度，使氏族一切成員能知道其相互親族關係。他們從小就在實踐中學取這種對他們非常重要的知識。隨着一夫一妻制的家庭的發生，這就被遺忘了。氏族的名稱創造了一個系譜，而個體家庭的系譜跟它相比便顯得沒有意義了。這種氏族名稱，現在便成了冠這名稱的人有共同血統的證據；但是氏族的系譜已經十分湮遠，以致氏族的成員，除了有比較近些的共同祖先的少數場合以外，已經不能證明他們之間確實有相互的親族關係了。除了收容養子的場合以外，名稱本身曾經是共同血統的證據，並且是不可爭辯的證據。反之，像把氏族變爲純粹虛構和想像的產物的格羅脫及尼布爾所作的那樣，實際上否認氏族成員間具有任何親族關係，這只有『觀念的』，亦即純粹的書齋學者才能幹得出來。既然世代的連系（尤其是一夫一妻制發生以後）已經湮遠，而過去的現實已反映在神話的想像中，於是善良的庸人便作出了而且還在繼續作着一種結論，認爲幻想的系譜創造了現實的氏族。』

胞族，如在美洲人那裏一樣，是一種已分成幾個女兒氏族，把它們團結在一起，並且往往將它們探溯於一個共同祖先的最初的氏族。比如，據格羅脫說，『海格推奧斯胞族的所有同輩成員，都承認同一個神爲其第十六世的祖先』；所以，這一胞族中的一切氏族都是眞正兄弟氏族。在荷馬的一段著名詩篇裏，還提到作爲軍事單位的胞族，在那裏涅司忒勸告阿加綿農說：『按照部落和胞族來編制軍隊，使胞族能幫助胞族，部落能幫助部落。』此外，胞族在其成員被害時有追究的權利和義務；足見在較早的時代，胞族也有進行血族復仇的義務。其次，胞族還有共同的聖物和節慶，並且一般說來，全部希臘神話之由其隨身帶來的古代雅利安人的自然崇拜中的發展，實質上是由氏族及胞族所制約並在它們內部進行的。其次，胞族有一個胞族長，據德庫蘭池說，還有全體大會，胞族能作出必須執行的決定，擁有審判和行政的權力。甚至以後的輕視氏族的國家，也還給胞族保留下了若干行政性質的公共職能。

幾個親近的胞族構成一個部落。在亞蒂加，共有四個部落；每個部落有三個胞族，每個胞族有三十個氏族。各個集團這樣精密的確定，要以對自發造成的秩序有了有意識有計劃的干涉為前提。至於這種情形是怎樣、在什麼時候以及為什麼發生的，希臘歷史關於這點沒有提及，希臘人自己關於這點的記憶僅保留到英雄時代為止。

密集在一個比較不大的地區上的希臘人在方言上的差異，並沒有像在廣大的美洲森林中的那樣顯著；但就是在這裏我們也看到，僅有基本方言相同的部落才結合成了一個大整體，甚至一個小小的亞蒂加也有獨特的方言，這一方言後來獲得了統治地位而成為全部希臘散文的共同語言了。

在荷馬的詩篇中，我們看到，希臘的部落，在多數場合已聯合為一些不大的部族；在這些部族內部，氏族、胞族和部落還完全保存着它們的獨立性。它們已經生活在用城牆防禦的城市裏面；人口的數目，隨着畜羣的增加，農業的擴張，以及手工業的萌芽，而日益增大；同時產生了財產上的差別，從而使古代自然發展起來的民主制度內部崛起了貴族分子。個別部族，為佔有較好的土地，不消說也為了掠奪戰利品，不斷地進行戰爭；以戰俘充作奴隸，已成了公認的制度。

這些部落和部族的管理組織如下：

（一）常設的權力機關為議事會（bulê），這種議事會最初似乎是由各氏族的族長所組成，後來族長的人數增加得太多了，便由特別選出的人來組成，這便成了形成和鞏固貴族分子的基礎；狄奧尼希阿斯所描述的英雄時代的議事會正是這樣由顯貴（kratistoi）組成的。議事會能對一切重要問題作最後的決定；例如愛斯奇洛斯所說的底比斯議事會就曾作了一個在當時環境下有決定意義的決定，即決定對厄提奧克利舉行榮譽葬禮，而將玻里尼開茲的屍體讓狗吃掉。後來，當國家成立以後，這種議事會就變為元老院了。

（二）人民大會（agora）。我們在易洛魁人中間已經看到，當議事會開會時，人民——男男女女都團聚在周圍，按照規定的程序參加討論，這樣來影響它的決定。在荷馬所描寫的希臘人中間，這種『團聚』（«Umstand»，這是古代日耳曼人的法庭術語），已經發展成為一種眞正的人民大會，這在古代德意志人也是有的。人民大會由議事會召集，以解決各項重要問題；每個男子都可以發言。決定是用舉手（見愛斯奇洛斯的請願女）或喊聲通過。人民大會是最高的和最後的權力，因為像蕭曼所說的（希臘的古代[1]），『當談到需要人民協助來執行的事情的時候，荷馬從未向我們指出任何可用以違反人民意志而強制他們去執行的方法』。原來在部落中每個成年男子都是軍人的時候，那脫離人民的、可以跟人民相對抗的公共權力還是沒有的。原始的民主制度還在全盛時代，在判斷議事會及軍事首長的權力和地位時，我們應當以此為出發點。

（三）軍事首長（basileus）。馬克思關於這一點說道：『歐洲的學者大半是天生的宮廷奴才，他們把軍事首長變為近代意義的君主。美國共和主義者摩爾根是反對這一點的。他極其俏皮地但很公正地說到阿諛的格拉斯頓和他的世界的青春[2]：『格拉斯頓先生

[1] Schoemann G. F., Griechische Alterthümer. Bd. I—II. Berlin, 1855—1859.——編者註。

[2] Gladstone W. E., Juventus mundi. The gods and men of the heroic age. London, 1869.——編者註。

給我們把英雄時代的希臘領袖描寫成國王和公侯，並添加以紳士的風味；但是他自己不得不承認，一般說來，我們所發現的他們的長子繼承的習慣或規矩，似乎是已表現得相當明顯，但並不過分明顯。』大概，帶有這種保留條件的長子繼承制，在格拉斯頓本人看來，也是已經相當沒有意義，雖然並不過分沒有意義。

我們已經看到，易洛魁人及其他印第安人那裏酋長職位的繼承情形是怎樣的。一切職位在多數場合都是在氏族內部選舉的，因而這些職位也是在氏族內部世襲的。在遞補遺缺時，最近的同族人——兄弟或姊妹的兒子，要是沒有被擯除的理由，便漸漸地享有優先權。所以，如果希臘人在父權制統治之下，軍事首長職位通常是轉歸兒子或兒子中的一人，那末這僅僅證明，兒子們能希望通過人民選舉而獲得繼承權利，但決不是不經這種選舉而合法繼承的證明。在這種場合，我們看到，易洛魁人和希臘人在氏族內部已經有了特殊的顯貴家庭的最初萌芽，而希臘人並且還有了未來的世襲元首或君主的最初萌芽。因此，應該設想，希臘人的軍事首長，像羅馬『皇王』（rex）一樣，如不是由人民選出的，也至少是由人民公認的機關——議事會或人民大會——所認可的。

在伊里亞特裏，勇士的統領阿加綿農，並不是作爲希臘人的最高皇王，而是作爲在被圍城市前的同盟軍的最高指揮。當希臘人中間發生內訌時，奧德秀斯在一節有名的文字中就指出他的這一地位：多頭制是不好的，應該有一個人做統帥云云（以下是人人愛誦的，但却是後來被人添加的一節敍述王權的詩）。『奧德秀斯在這裏並不是講述統治的形式，而是要求在戰爭中服從最高統帥。在特羅亞城下只是作爲軍隊的希臘人中間，在人民大會上行着十分民主的程序：阿希列斯說到贈品，即說到分配戰利品時，他總是把這一任務不委諸阿加綿農或其他某一軍事首長，而委諸『阿奇亞人的兒子們』，也就是說，委諸人民。『宙斯神所生的』，『宙斯神所養的』這一類表號，並未證明任何東西，因爲每個氏族都說自己是起源於一個神，而部落首長的氏族便是起源於一個『更高貴的』神，在本場合就是起源於宙斯神了。甚至非自由民，例如牧猪童攸米阿斯等人都是『神化的』（dioi 或 theioi），而這是在奥德賽中所記述的，即發生在比伊里亞特中所寫的時期要更遲得多；在這同一部奥德賽中，我們發現『英雄』的名稱是既給予傳令官密里阿斯，也給予盲歌手德謨多可斯的。簡言之，basileia 這個詞，希臘著作家用以表示荷馬詩篇中有酋長議事會和人民大會相並立的所謂皇權，它的意思不過是軍事民主而已（因爲這個權力的主要特徵便是軍事的統率）。』（馬克思語）。

軍事首長，除有軍事的權限以外，還有祭祀的和裁判的權限；審判的權限並沒有確切規定，但祭祀的權限是把他當作部落或部落聯盟的最高代表者而賦與他的。關於民政、行政權限從沒有講過，但是軍事首長在職務上大概也是議事會的成員。這樣，把 basileus 一詞翻譯爲德語 «König» 在語源上是完全正確的，因爲 «König»（Kuning）一詞是由 Kuni，Künne 而來的，即『氏族頭目』的意思。不過，古希臘文的 basileus 一詞是跟 «König» 一詞的現代意義（即國王）完全不相適應的。修昔的底斯把古代的 basileia 很確定地叫做 patrikê，即由氏族發生的意思，並說他握有明確規定即有限的權利。而亞里斯多德說，英雄時代的 basileia 是對自由人的統率，而 basileus 則爲軍事首長、法官和最高祭司；可見，basileus 並未握有後來所謂的執政權力[1]。

---

[1] 無論希臘的 basileus 或阿兹切克的軍事首長，都被誤解爲近代霸佔性的王公。

摩爾根首次對西班牙人那種起初是出於誤會和誇張，爾後竟是完全僞造的報告，作了一個歷史的批判，並且他證明了，墨西哥人是處於野蠻期中級階段，但他們的發展程度已略微超過新墨西哥定居村落的印第安人，他們的社會制度（就根據被曲解了的報告可以推論出來的而言），是跟下面的情形相適應的：這是三個部落的聯盟，它征服了其他幾個部落並使之朝貢，並且是由一個聯盟議事會和一個已被西班牙人說成爲『皇帝』的軍事首長來管理的。(這是恩格斯加的附註。)

這樣，我們看到，在英雄時代的希臘制度中，古代的氏族組織還是完全存在着的，但同時我們又看到它的瓦解也已經開始了：我們在這裏看到由子女繼承財產的父權制，它促進了家庭中財產的積蓄，加強了家庭跟氏族相對抗的勢力；財產的差別因有世襲顯貴和皇權最初萌芽的形成而對社會制度發生了反影響；奴隸制起初雖僅限於戰俘，但已經開闢了奴役同部落人甚至同氏族人的可能性；古代一個部落反對另一部落的戰爭已開始變成陸上海上專爲掠得家畜、奴隸、財寶的一貫盜刧，以至於變成爲正常的營業；一句話，財富被當作最高福利而受到頌揚和崇敬，古代氏族制度被濫用來替對財富的暴力掠奪行爲作辯護。所缺少的只有一件東西，即這樣一個機關，它不僅會保證各個人新獲財富不受氏族制度共產主義傳統的侵犯，不僅會使以前被輕視的私有財產成爲神聖，並宣佈這種神聖化是人類社會的崇高目的，而且會將相繼發展起來的新的獲取財產形式，亦即不斷加速的財富積累，蓋上社會普遍承認的印章；所缺少的只是這樣一個機關，它不僅會使正在開始的社會階級分化永久化，而且會使有產階級剝削貧窮羣衆的權利以及前者對後者的統治永久化。

而這種機關也就出現了。國家被發明出來了。

（五）雅典國家的發生

國家是怎樣靠部分地改造氏族制度機關，部分地通過設置新機關把它們排擠出去，乃至最後完全把它們代以眞正國家權力機關而發展起來的；受這些國家機關支配，從而用以反對人民的武裝『公共權力』，是怎樣把那種在自己的氏族、胞族和部落中自動組織自衛的眞正『武裝人民』取而代之的，——對於這一切，至少其第一階段，再好莫過於從古代雅典來進行研究。各種形式的更替，基本上已由摩爾根描繪出來了，而對於產生這種形式更替的經濟內容的分析，則大半要我自己來補充。

在英雄時代，雅典人的四個部落還各自佔據着亞蒂加的各個地區；甚至構成這四個部落的十二個胞族，大概還分別居住在栖克洛普斯的十二個城市中。 管理組織也是和英雄時代的一樣：人民大會，人民議事會和軍事首長。在成文歷史所涉及的時代，土地已被分割而轉歸私人所有了，這正是野蠻期高級階段末期已經比較發展了的商品生產及與它相適應的商品交易所固有的。除了穀物以外，並已生產葡萄酒與植物油了；愛琴海的海上貿易，已越來越脫離腓尼基人而大半落到亞蒂加的希臘人手中去了。由於土地的買賣，由於農業和手工業、商業和航海間分工的進一步發展，氏族、胞族和部落的成員都很快地雜居起來；胞族和部落的地區以內住下了外來的居民，這些外來居民雖爲同胞，但並不屬於這些組織，因而在自己的居住地上却被視爲異族。因爲在和平時期，每一胞族和每一部落都是各自處理各自的事務，不用向雅典的人民議事會或軍事首長請示。但是，那些住在胞族或部落地區中而不是這胞族或部落所屬成員的人，自然是不能參與這種行政的。

這種情况如此擾亂了氏族制度各機關的正常工作，以致在英雄時代就已需要設法來加以消除了。於是實行了據說是提秀斯起草的憲法。這一改變，首先就在於在雅典設置了一個中央管理機關，就是說，以前由各部落自行處理的一部分事務，被宣佈爲有共同意義的而移歸設在雅典的總議事會管轄了。由於這個新措施，雅典人在其發展中，比美洲任何土著部族都更前進了一步：相隣各部落不再組織成單純的聯盟，而融合爲統一的部族了。因此就產生了高出於各別部落及氏族的法權習慣以上的共同雅典民法；它使雅典的每個公民即使是在並非他自己部落的地區上，也取得了一定的權利和新的法律保護。但這是摧毀氏族組織的第一步，因爲這是後來不屬於全亞蒂加任何部落而完全是雅典氏族組織以外的人也容許爲公民的第一步。據說是提秀斯所制定的第二個新措施，就在於把全體人民，不問氏族、胞族或部落，一概分爲貴族、農民和手工業者等三個階級並賦予貴族以担任官職的獨佔權。不過這一劃分，除貴族担任官職外，並沒有任何後果，因爲除此以外，它並未規定出各個階級之間的任何法權上的差別。但是這措施却有重大的意義，因爲它向我們揭露了悄悄發展起來的新的社會要素。它表明由一定家庭的人員担任氏族公職的習慣，已經變爲這些家庭担任公共職務的無可爭辯的權利，而這種因擁有財富原來就有權有勢的家庭已經開始在各該氏族之外形成一種獨特的特權階級，他們這種非分的要求由還處於萌芽狀態中的國家所認可了。其次，它表明農民和手工業者間的分工已經如此牢固，以致減少了以前氏族和部落劃分的社會意義。最後，它宣告了氏族社會和國家間不可調和的矛盾；建立國家的最初企圖，就在於破壞氏族的聯系，其辦法就是把每一氏族的成員分爲特權者和非特權者，把非特權者又按照他們的職業分爲兩種階級，從而使之互相對立起來。

以後的雅典政治歷史，直到梭倫時代，知道得很不完全。軍事首長一職已經喪失了它的意義；國家首領已由貴族中所選出的執政官們來充任。貴族的權力日益加強，直至紀元前六〇〇年左右，已經變得令人不能忍受了。這時，貨幣和高利貸已成爲壓迫人民自由的主要手段。貴族的主要居住地爲雅典及其附近的地方，在那裏，海上貿易以及還時常進行的海上掠奪，使貴族日益致富，並把貨幣財富日益集中在他們的手中。由此，日益發達的貨幣經濟就像是種腐蝕性的酸類，浸入到以自然經濟爲基礎的古老的鄉村公社生活方式中。氏族制度是和貨幣經濟絕對不能相容的；亞蒂加小農的破產是和保護他們的舊的氏族聯系的鬆弛一致的。債務契據和土地抵押（雅典人已經發明了典當辦法）既不理會氏族，也不理會胞族了。而舊的氏族制度既沒有貨幣，也沒有押金，又沒有貨幣債務。因此，貴族的日益繁榮的貨幣統治，爲了保護債權者以對付債務者，爲了認可貨幣所有者對於小農的剝削，也造成了一種新的習慣法。在亞蒂加的土地上到處都插着抵押的牌子，上面寫着這一塊地已以多少錢抵押給某某人了。沒有插這種牌子的田地，大半都已是因未按期付還押金或利息而出售，轉歸貴族高利貸者所有的了；農民只要被允許作佃戶依舊耕種原地，能得自己勞動生產品的六分之一以維持生活，將其餘六分之五以地租方式交給新主人，那他就謝天謝地了。不僅如此，倘若出賣土地所得的錢不夠還債，或者債務沒有抵押保證，債務者便不得不把自己的子女出賣到海外去做奴隸，以償還債務。父親出賣子女——這就是父權制和一夫一妻制的第一個果實！要是吸血鬼還不滿足，那麼他可以把債務者本人出賣做奴隸。雅典人文明時代的明亮曙光，就是如此。

以前，當人民的生活條件和氏族制度還相適應時，這樣的變革是不可能的；現在這一變革完成了，可是沒有人知道它是怎樣完成的。我們暫且回轉來看一下易洛魁人吧。這時強加在雅典人身上而沒有他們參與又確乎違反他們意志的情形，在易洛魁人中間是不能想像的。在易洛魁人那裏，經久不變的生活資料的生產方法，從不會產生這種彷彿從外面強加的衝突，這種富者和貧者、剝削者和被剝削者間的對抗。易洛魁人距征服自然的地步還是很遠的，但是在他們所能達到的某種自然限度內，他們已成了自己生產的主人翁了。除開他們的小小園圃中的歉收，他們河流湖泊內的魚類的罄竭以及森林中野味的絕跡以外，他們預先就知道，他們在自己所有的獲取生活資料的方式下能夠指望得到什麼。他們知道他們可能得到的生活資料有時是不足的，有時是豐饒的；可是，不可預察到的社會變革那時是不可能的，因爲氏族聯系的破裂，同族人和同部落人分裂爲互相鬥爭的對立階級的事是不可能的。生產是在極狹隘的範圍內進行着，但生產品完全受生產者支配。這是野蠻期生產的巨大的優越性，它隨着文明的出現便喪失了。下代人們的任務就是要把這一優越性奪回來，但已必須是以今日人類所獲得的對自然的強大統治以及今日已有可能的自由結合作爲基礎了。

希臘人那裏的情形却與此不同。畜羣和奢侈品私有的出現，引起各個人之間的交換，使得生產品變爲商品。而這就包含着隨之而來的全部變革的萌芽。當生產者不再直接消費自己的生產品，而開始用交換方法轉讓的時候，他們就失去了自己對於它的支配權力。他們已經不知道生產品的結局會如何。於是產生了利用生產品以反對生產者，剝削和壓迫生產者的可能性。因此，不論哪一個社會，要是它不消滅各個人之間的交換，那末，它便不能長久保持支配自己生產的權力和對自己生產過程所產生社會後果的監督。

自產生各個人之間的交換，及隨着生產品轉化爲商品以後，怎樣迅速地開始出現生產品支配其生產者的情況——這一點雅典人在其自身的經驗中體驗到了。隨着商品生產出現了個人自營的土地耕作，以後不久又出現了個人的土地私有。隨後又出現了貨幣，卽其餘一切商品都可與之交換的普遍商品。但是當人們發明貨幣時，他們並未想到，他們同時創造了一種新的社會力量，統一的、有普遍意義的力量，全社會在它面前都要屈膝的力量。於是這個未經它自身創造者預先知道並違反其意志而突然發生的新力量，却以它全部青春時代的粗暴性，叫雅典人不能不感受到它的支配了。

怎麼辦呢？古代的氏族組織，不僅無力反對貨幣的勝利進軍，而且也絲毫不能在自己內部給貨幣、債權者、債務者和強制收回債務等找到立足之地。但是新的社會力量已經存在，挽回舊的美好時代的虔誠願望、熱烈意向，都不能趕走貨幣和高利貸了。不僅如此，在氏族制度中還打開了許多其他次要的漏洞。全部亞蒂加境內，特別是在雅典本城以內，各個不同氏族和胞族成員的相互雜居，已經一代比一代厲害了，雖然這時雅典人仍能把土地賣給非本氏族的成員，但不能出賣自己的住宅。隨着工業和貿易往來的進一步發展，在各種生產部門——在農業、手工業（並且在手工業內部的無數專業）、商業、航海業等——間的分工，也日益完備地發展起來；居民現在依其職業分成了相當穩定的集團；其中每個集團都有好多在氏族或胞族內是沒有立足之地的新的共同利益，爲了給這種利益服務，因此就需要創設新的官職了。奴隸的數量已經大大地增加，在那個時候大概就已大大超過雅典自由民的數目了；氏族制度裏起初並沒有什麽奴隸制的，因而就沒有什麽控制這大批非自由人的手段。最後，貿易把許多異地人吸引到雅典來，他們是爲了容易賺錢移住在這裏來的；按照舊制度，異地人仍然既沒有權利，又不受法律保護的，所以儘管有傳統的忍耐精神，他們究竟是人民中間令人不安的異己分子。

一句話，氏族制度已經臨到盡頭了。社會一天比一天超出了它的範圍，甚至對於人人眼前所發生的最顯著的惡劣現象，它也是既不能阻止，又不能剷除了。這時國家已經不知不覺地發展起來了。由最初在都市和農村間，然後在各種城市勞動部門間的分工所造成的新集團，設立了新的機關以保護自己的利益；各種官職都設立起來了。其後年輕的國家，首先需要有自己的軍事力量，而在以航海爲業的雅典人中間，首先只可能有海上的軍力，用以進行個別的小戰爭和保護商船。在梭倫以前的一個尙不確知的時期，創設了諾克拉里，卽一種不大的地區，每個部落設有十二個；每一個諾克拉里須置備一艘戰船，配有武器和船員，此外還須提供兩名騎士。這種制度在兩方面破壞了氏族制度：第一，它造成了已不再是簡直跟全體武裝人民一致的公共權力；第二，爲了公共目的，它已初次不是依親族集團，而是依**居住地域**來劃分人民了。這有什麽意義，可從下面看出來。

既然氏族制度對於被剝削的人民不能有任何援助，於是就只有指望剛發生的國家了。國家也確實以梭倫憲法給與了這一援助，同時就靠犧牲舊制度來增強了自己。梭倫以侵犯財產關係的辦法開始了一系列所謂政治革命；至於紀元前五九四年左右他所用以完成這改革的方法，我們在這兒不去管它。迄今以前所發生的一切革命，都是爲了保護一種所有制以反對別一種所有制的革命。它們不侵害別一種所有制，便不能保護這一種所有制。在法國大革命時期，就是爲拯救資產階級財產而犧牲了封建財產的；在梭倫所舉行的革命中，爲保護債務者的財產而損害了債權者的財產。債務簡單地被宣佈爲無效了。我們雖不知其詳情，但是梭倫在他的詩中自誇說：他淸除了負有債務的土地上的抵押牌子，把因債務而被出賣及逃亡至海外的人都召了回來。這只有用公然侵害財產所有權的辦法才能做到。眞的，一切所謂政治革命，從頭一個起到末一個止，都是以沒收（也叫做盜竊）一種所有權來保護別種所有權的。所以，毫無疑問，二千五百餘年來，私有財產所以能保存，只是由於侵害了所有權的緣故。

但現在必須要防止這種使自由的雅典人變爲奴隸的情形重演。這首先是用一般的辦法來達到的，例如，禁止締結以債務者本人人格作抵押的債務契約。其次規定每個人所能佔有的土地的最大數額，以期稍稍限制貴族對於農民土地的無限貪慾。隨後對於憲法（Verfassung）本身，也加以修改；對於我們，最重要的是以下幾點：

議事會人數限定爲四百人，每一部落爲一百人；因此在這裏，部落依然還是基礎。不過這是新國家所採取的舊制度的唯一的一點，至於其餘一切，那麽梭倫把公民按照他們佔有土地及其收入的多寡分爲四個階級；五百、三百和一百五十麥其孟（一麥其孟約等於四十一公升）的糧食，爲前面三個階級最低限度的收入額；佔有土地更少或完全沒有土地的人，通統屬於第四階級。只有最高三個階級的代表才能担任一切官職，只有第一個階級的代表才能担任最高的官職；第四階級只有權在人民大會上發言和表決，但是，在這裏選出一切官吏，在這裏一切官吏須作關於自己工作的報告，在這裏制定一切法律，而在這裏第四階級佔有多數。貴族的特權部分地以財富特權的形式恢復起來，但人民却還保留有決定的權力。其次，四個階級都是新的軍隊組織的基礎。前兩個階級作騎兵，第三階級作重武器步兵，第四階級作輕武器機動步兵或在海軍中服務，並且大概還領薪俸。

這樣，在憲法中便加入了一個完全新的因素——私有制。國家公民的權利和義務，開始按他們土地財產的多寡來規定了。有產階級既開始獲得勢力，於是舊的血緣親族關係的集團就隨之漸漸被排斥了；氏族制度又遭受了新的失敗。

然而根據財產來規定政治權利的辦法，並不是國家不可缺少的制度。雖然這種辦法在國家的憲法史上也曾起過很大的作用，但是有許多國家，而且是最發達的國家，都是沒有它也行的。就是在雅典，它也只是起了暫時的作用；自亞立斯泰提以來，一切官職的大門對每個公民都是開放的。

在爾後八十年間，雅典社會的發展逐漸採取了一個它在以後數百年間都循其發展的方向。對於棱倫前一時代盛行的高利貸的土地經營，以及對於土地所有的無限制的集中，都設立了限制。商業和靠奴隸勞動愈益發展起來的手工業和精巧手工藝，都成了盛行的職業。人們也逐漸開通了。舊式的殘酷剝削自己同胞的方法，已經棄而不用，如今主要是剝削奴隸和非雅典買主了。動產，即以貨幣、奴隸和商船構成的財富，愈益增加起來，但是，這時它已經不是像在普遍狹隘的最初時期那樣，僅僅是購買土地的手段，——它已變成自我目的了。這種情形一方面造成了新興富有工商階級對於舊日貴族權力的勝利的競爭，另一方面，便剝奪了舊有氏族制度殘餘的最後地盤。現在氏族、胞族和部落的成員都散佈於亞蒂加全境而彼此雜居起來，因此它們絲毫不適於作為政治集團了；大量的雅典公民並不屬於任何氏族；他們是僑民，雖然他們取得了公民的權利，但是並未編入任何舊的氏族團體以內；此外，還有不斷增加的外來僑民，他們僅受到保護而已。

這時黨派鬥爭繼續進行着；貴族企圖恢復他們從前的特權，並且在一個短促期間內獲得了勝利，直至克來斯特納斯的革命（紀元前五〇九年）徹底顚覆了他們，而氏族制度的最後殘餘也同時被顚覆爲止。

克來斯特納斯的新憲法忽略了以氏族和胞族爲基礎的四個舊部落。代替它們的是一種全新的組織，這種組織是以已用諾克拉里試驗過的只按居住地來劃分公民的辦法爲基礎的。有決定意義的已不是氏族聯盟的籍貫，而只是經常居住的地區了；現在被區分的已不是人民，而是地域了；住民在政治上已變爲地域的簡單附屬物了。

亞蒂加全境劃分爲一百個自治公社區，即所謂德莫。住在每個德莫內的公民（德莫特），選出了他們的區長（德莫哈）和管賬員，以及處理輕微訴訟案的三十位審判官。各個德莫還有自己的神殿及守護神或英雄，並選出祀奉他們的僧侶。德莫中的最高權力屬於公民大會。摩爾根說得對，這是美洲城市自治公社的一種原型。近代國家隨其高度發展所到達的單位，跟在雅典剛發生的國家開始時所根據的單位相同。

十個這樣的單位（德莫）構成一個部落，但這種部落跟舊有氏族部落（Geschlechtsstamm）不同，現在它已是叫作地域部落（Ortsstamm）了。地域部落不只是一種自治的政治組織，而且也是一種軍事組織；它選出一個菲拉爾哈或部落長來指揮騎兵隊；選出一個塔克西阿爾哈來指揮步兵隊；選出一個總指揮來統率在部落境內招募的全部武裝力量。其次，它裝備配有船員和船長的戰船五艘，並以亞蒂加某一英雄作爲自己的保護神，以其名字稱呼自己的部落。最後，它選舉五十位代表參加雅典議事會。

集此一切大成的就是雅典國家，它是由十個部落所選出的五百名代表組成的議事會來管理的，最後一級的管理權屬於人民大會，每個雅典公民都可參加這個大會並且有表決權；此外，有執政官及其他官吏掌管各行政部門和司法事務。在雅典沒有什麽總攬執行權力的元首。

由於實施這個新憲制和容許大量不平等居民——一部分是定居下來的外方人，一部分是被釋放的奴隸——參加，氏族制度的各機關便從對社會事務的領導上被排擠出去；它們蛻變爲私人性質的團體和宗教會社了。不過，舊氏族時代的道德影響，因襲的觀點和思想方法，還長久地存留在傳統中，只是逐漸才消亡下去。這點在以後的一種國家機關中表現出來了。

我們已經看到，國家的一個重要特徵，就在於它是脫離人民大衆的公共權力。雅典在當時僅握有由人民直接成立的人民軍和艦隊，這種軍隊和艦隊用以對外抗禦敵人，對內壓制在當時已佔人口大多數的奴隸。對於公民，這種公共權力起初不過是種警察而已，警察是和國家一樣古老的，所以，十八世紀的天眞的法國人不講文明化的民族，而講警察化的民族（nations policées）。所以，雅典人在創立國家的同時，並且也創立了警察，卽眞正的憲兵隊，其組成分子是步行和騎馬的弓箭手，或如德國南部和瑞士那裏所稱呼的地方射手。不過，這種憲兵隊是由奴隸編成的。這種警察的服務，在自由的雅典人看來是如此卑賤，以致他們寧願叫武裝的奴隸逮捕自己，而自己不願幹這種可恥的事情。這裏還表現了舊日氏族生活的思想方式。國家本來是沒有警察就不能存在的，但它當時還很年輕，還沒享有充分道德權威可使人們對必受舊日氏族社會成員鄙視的職務表示尊敬哩。

大體上已經形成的國家是如何適合於雅典人的新的社會狀況，這可拿財富、商業和工業迅速繁榮的事實來作爲證明。現在社會和政治體制所賴以建立的階級對抗，已經不再是貴族和平民之間的對抗，而是奴隸和自由民之間的對抗，不平等民和公民之間的對抗了。在雅典全盛時代，自由公民的總數，連女性和兒童在內，約爲九〇、〇〇〇人，而男女奴隸爲三六五、〇〇〇人，不平等居民——異地人和被釋放的奴隸——爲四五、〇〇〇人。這樣，每個成年的男性公民，至少有十八個奴隸和二人以上的不平等居民。大量奴隸的出現，是由於有許多奴隸由監工督察在巨大手工工場內一起工作的緣故。不過，隨着商業和工業的發展，從而發生了財富在少數人手中的積累和集中，以及大批自由公民的貧困化；自由公民所能走的路只有兩條：或者是從事手工業，去跟奴隸勞動相競爭，而這是被視爲一種屈辱卑賤的職業，並且不會有大的成功的；或者是變爲乞丐。他們走了——在當時的條件下必不可免地——後一條路，而既然他們構成居民多數，因而就把全雅典國家引到滅亡了。所以，把雅典引到滅亡的不是民主制，如歐洲那班討好君主的學究所斷言的那樣，而是使自由公民勞動受賤視的奴隸制。

雅典人那裏的國家產生過程乃是一般國家形成的極爲典型的例子，一方面因爲它來得非常純粹，沒有受到任何外部或內部暴力干涉——庇士特拉托奪得政權後一個短暫時期的存在是沒有留下任何痕跡的，——另一方面因爲在本場合，極發達的國家形式即民主共和國，是直接從氏族社會中產生出來的；最後，因爲我們是充分知道這個國家形成的一切重要詳情的。

（六）羅馬的氏族和國家

從羅馬建國的傳說中可以看出，最初的居民是聯合成爲一個部落的許多拉丁氏族（據傳說有一百個），不久後加入進來的有一個薩伯力安部落，似乎也是有一百個氏族，後來又加入了一個由各種不同分子構成的第三個部落，據傳說也是有一百個氏族。初看起來，全部故事都是證明這裏除氏族外再沒有自然形成的任何東西，連氏族本身有時也只是在故土上繼續存在的母系氏族的分支而已。各個部落都帶有人工構成的痕跡，但它們大部分由親族成分構成，並且不是按照人工造成的部落而是按照古代自然長成的部落樣子構成的；而且，也可能有一個眞正的老部落作了三個部落中每一部落的基本核心。中間環節——胞族，是由十個氏族組成的，叫做庫里亞；因此，一共有三十個庫里亞。

大家公認羅馬氏族是跟希臘氏族相同的制度；如果說希臘氏族是我們在美洲紅種人中間發現其原始形態的那種社會單位的進一步的發展，那末羅馬氏族也完全是如此。因此，我們在這裏只須簡略地談談。

羅馬的氏族，至少在該城存在的最早期，有以下的制度：

（一）氏族成員的相互繼承權；財產仍保留在氏族以內。既然在羅馬氏族裏，像在希臘氏族裏一樣，已經盛行父權制，那麼女系的後裔便從繼承中排斥出去了。據我們所知道的最古的羅馬成文法即『十二銅標法』，首先是子女作爲直接繼承人繼承財產；要是沒有子女，則由阿格納蒂（男系的親族）繼承；倘若連阿格納蒂也沒有，則由同氏族人繼承。在任何場合，財產都是留在氏族以內。在這裏，我們看到，有由財富增加和一夫一妻制所產生的新的法律準則逐漸滲入氏族風俗中去：原先一切同氏族人員平等繼承權，起初——如前邊所說的，是在很早的時期——在實踐上限於阿格納蒂，最後則是限於親生子女及其男系後裔；在『十二銅標法』上，這點當然是依相反的次序出現的。

（二）共同墓地的佔有。克勞狄亞貴族氏族，當由勒吉利城遷到羅馬時，領得了一塊土地，並在城內領得了一塊共同墓地。在奧古斯特時代，在陶託部革森林裏被殺的瓦羅斯的首級運到羅馬，便埋在氏族墳山（gentilitius tumulus）；可見他的氏族（Quinctilia）還有獨特的墳山。

（三）共同宗教節慶。這種 sacra gentilitia 是衆所週知的。

（四）氏族內不得通婚。這在羅馬大概從未變成爲一種成文法，但仍是一種風尙。在名字傳留到今日的大量羅馬人夫婦中，沒有一對夫婦的氏族名稱是相同的。繼承權也證實了這一成例。婦女出嫁後就喪失其男系親族的權利，而退出本氏族；不論她或她的子女都不能繼承她的父親或她父親的兄弟，因爲不然，父親氏族的供繼承的一部分財產就會喪失掉的。這一成例只有在女子不許嫁給同氏族人的前提下才有意義。

（五）土地共有。直到部落所有的土地實行分割的時候爲止，這種情形在原始時代始終是存在的。在各拉丁部落中間，我們看到，土地一部分爲部落所有，一部分爲氏族所有，一部分爲當時未必就是個體家庭的家庭經濟所有。相傳羅繆拉斯第一次把土地分給了各個人，大約每人一公頃（二尤格拉）。但是以後我們也還看到爲氏族共有的土地，至於那爲共和國全部內政史所環繞的國有土地，就更不必說了。

（六）同族人相互保護和扶助的義務。關於這一點，成文歷史僅有片斷的記載；羅馬國家從最初起就表現爲一種佔優勢的力量，於是防禦侵害的職權轉歸於它了。當阿批烏斯·克勞狄烏斯被捕時，他的全氏族，甚至連過去曾是他個人仇敵的人，都爲之縞素。在第二次布匿戰爭[1]時，各氏族都聯合起來贖回他們被俘的同族人；元老院則禁止他們這樣做。

（七）用氏族名稱的權利。這種權利一直保持到帝政時代爲止；被釋放的奴隸，可採用他們從前的主人的氏族名稱，但不能獲得氏族的權利。

（八）收容異族人加入氏族的權利。收容的方法是由某一家庭收爲養子（如在印第安人中那樣），這樣也就算接受加入氏族。

（九）關於選舉並罷免族長的權利，任何地方都沒有提及。但是，在羅馬存在的第一時期，從選舉的皇王起，一切官職既都是選舉或任命的，同時庫里亞的祭司也是由庫里亞選舉的，那麼我們便可以推斷，氏族的首長（principes）一定也是如此，雖然從氏族內同一家庭選出的辦法可能已成爲慣例了。

---

[1] 布匿戰爭，即羅馬對布匿人（腓尼基在北非的殖民地迦太基的居民）進行的戰爭，發生於紀元前二六四至一四六年間。——編者註。

10—1004

羅馬氏族的各種權利就是這樣。除了已完全過渡到父權制這一點之外，它們完全是易洛魁氏族各種權利和義務的再版；在這裏也『可以清楚地看得出易洛魁人。』

甚至在現代最著名的歷史家中間，關於羅馬氏族制度的概念是如何混亂，我們可舉一個例子來說明。在蒙森關於共和時代和奥古斯特時代羅馬專有名稱的著作（羅馬研究，一八六四年柏林出版，第一卷[1]）中，有以下一段話：『除了一切男性同族人（其中自然不包括奴隸，但是却包括所有由氏族所收容和受其保護的人），氏族的名稱在婦女中間也是通行的…部落（Stamm——蒙森在這裏如此翻譯gens一詞）乃…是個由共同的——眞實的、假定的或甚至虛構的——血統所產生，由共同的宗教節慶、墓地和繼承習慣所聯合起來的集體，它包括一切人格自由的個人，從而也包括婦女。困難的地方只是出嫁婦女的氏族名稱的確定而已。當婦女只能嫁給本氏族的成員時，這一困難自然是沒有的，而——像業已證明了的——有一個長久時期，婦女要嫁給氏族以外的人，是比嫁給氏族以內的人困難些，因爲這種在氏族以外結婚的權利（gentis enuptio）在第六世紀還是作爲個人的特權賞賜給人的哩…但是，在實行這種在氏族以外結婚的地方，婦女在最古的時代大概須轉入夫方的部落。毫無疑義，依照古代宗教婚姻制，婦女得完全加入夫方的法權的和宗教的公社，而脫離她自己的這種公社。誰不知道出嫁的女子失掉了在本氏族內的積極的和消極的繼承權，而加入一個跟自己丈夫、子女及其一般同族人結成的繼承團體呢？既然她彷彿是被丈夫收養而加入他的家庭了，那末她怎麼能夠仍然是對他的氏族無緣的人呢？』（第九至一一頁）

所以蒙森斷定說，屬於某一氏族的羅馬女子，本來只有在她們自己的氏族內部才能結婚，因此，羅馬氏族是族內婚氏族，而不是

[1] Mommsen Th., Römische Forschungen. Ausg. 2. Bd. I—II. Berlin. 1864—1878.——編者註。

族外婚氏族。這一跟其他人民中關於這點所知道的一切相矛盾的見解，主要是，甚至完全是依據於李維著作中引起許多爭論的唯一的一段文字（第三十九卷，第十九章），按照這段文字，元老院於羅馬建國五六八年即公元前一八六年，有如下的決定：uti Feceniae Hispallae datio, deminutio, gentis enuptio, tutoris optio item esset quasi ei vir testamento dedisset; utique ei ingenuo nubere liceret, neu quid ei qui eam duxisset, ob id fraudi ignominiaeve esset, ——費瑟尼亞•希斯巴賴有權處理和減少自己的財產、嫁給氏族以外的人和給自己選定保護人，就像她的（已故的）丈夫已用遺囑把這個權利轉交給她一樣；她可以嫁給生來自由的人，不可認爲娶她爲妻的人是做了不好的或可恥的事情。

毫無疑義，在這裏允許一個被釋放的奴隸費瑟尼亞有在氏族以外嫁人的權利。同樣毫無疑義地由此可以作出結論，丈夫亦有權用遺囑允許妻子在他死後有權嫁給氏族以外的人。但是在什麽氏族以外呢？

假若像蒙森所推測的，婦女必須嫁給自己氏族以內的人，那末她在出嫁以後仍是留在該氏族以內的。不過，第一，正是這個關於氏族內部通婚的斷言，尙待證明。第二，假若女子必須在自己的氏族以內結婚的話，那末男子自然也應當如此，因爲否則他就找不到妻子了。那就會是丈夫可能把他自己也未享有過的權利用遺囑轉交給他的妻子了，而這從法學觀點看來是極其荒唐的。蒙森也感覺到了這一點，所以他又作了如下的推測：『爲了在氏族以外結婚，在法律上大概不僅需有掌權者的同意，而且還需有全體同族人的同意』（第一〇頁上的註解）。首先，這是一個非常大膽的推測；其次，它又跟上邊所引一段文字的明確語意相矛盾；元老院代替她丈夫把這個權利交給她，元老院所給予她的確實跟她丈夫所能給予她的一樣多，但元老院給予她的乃是不受任何其他限制的絕對權利，所以假如她享有這個權利，那她的新夫也不致於因此受

10*

到損害；元老院甚至委託現在和將來的執政官和大法官設法使她不致因此受到任何不快意的周折。　這樣，蒙森的推測便顯得全然不能成立的了。

或者，再假定，這個女子跟別一氏族的男子結婚，而自己仍留在她自己的氏族以內。那末依照上述的一段文字看來，她的丈夫便有權允許他的妻子在她自己的氏族以外結婚。這就是說，他有權處理有關非他所屬的那一氏族的事務了。這是不值一駁的荒謬說法。

所剩下的只有這樣一個推測，即女子第一次結婚是嫁給別一氏族的男子，並且通過這婚姻而毫無條件地轉入夫方的氏族，如蒙森實際上對於這類場合所容許的那樣。這時，一切相互關係就立刻明白了。女子由於出嫁而脫離原來的老氏族，加入夫方的新氏族團體，便在那裏佔着一個完全特殊的地位。雖然她也是氏族的一員，但是她跟這個氏族不是由血緣關係聯繫起來的；她被接受加入氏族一事性質本身，早就使她不受她因出嫁加入的那個氏族內部不許通婚的一般禁例的束縛了，再則，她既被接受加入了該氏族的婚姻團體，便在丈夫死亡時繼承他的財產，即一個氏族成員的財產。這樣，爲了保存財產於氏族以內，她須嫁給前夫的同族人而不得嫁給其他什麽人，豈不是再自然不過的事嗎？如果要造成例外的話，那末除了把這份財產遺交給她的前夫之外，試問還有誰能有充分權利讓她這樣做呢？在他把一部分財產遺給妻子，同時又允許把這部分財產通過結婚或由於結婚的結果而交給別一氏族的時候，這份財產仍是屬於他的；因而，他其實只是處置他自己的財產。至於妻子本人及其對夫方氏族的關係，那末正是丈夫用自由表示本人意志即用結婚方式把她引進了這個氏族的；所以正是丈夫能夠授權給她第二次結婚而退出這個氏族，也就同樣是自然的事情了。一句話，只要我們抛棄羅馬氏族是族內婚制的奇妙觀念，而跟摩爾根一起認爲它原來就是族外婚的氏族，則問題就很簡單和不言而喻了。

最後還有一種推測，也是有人擁護，並且大概有最多的人擁護的。這種推測就是認爲上述一段引文似乎只是說，『被釋放的奴婢（iibertae）若沒有特別的許可，便不能在氏族以外結婚（e gente enubere），也不能作出其他某種可能使其喪失家庭權利（capitis deminutio minima）而導致 liberta 脫離氏族聯盟的行爲』（蘭格，羅馬的古代，一八五六年柏林出版，第一卷[1]第一九五頁，那裏談到我們從李維著作中引用的一段文字時援引了谷什克的話）。如果這一推測是正確的話，那末這段引文對於生來自由的羅馬婦女的地位便沒有證明什麼東西，更談不到她們必須在氏族以內結婚的義務了。

Enuptio gentis 一語只是在李維的這一段文字中見到過，此外在全部羅馬文獻中再沒有出現過了；enubere（跟旁人結婚）一詞，也只有在李維的著作中遇見過三次，並且是與氏族無關。彷彿羅馬婦人只能在氏族以內結婚的這個荒誕觀念，只是由於有這一段文字才發生出來。但是，這一觀念絕對經不住批評。的確，這一段或者只是提到對被釋放的奴婢的一種特殊限制，那末它對於生來自由的婦女（ingenuae）便絲毫沒有證明什麼東西；或者它對於自由的婦女也有效力，那末在這場合，它倒證明婦女通常是在自己氏族以外嫁人的，出嫁以後就轉入夫方的氏族，從而證明說錯了的是蒙森，而說對了的是摩爾根。

在羅馬建國後差不多三百年間，氏族的聯系還是如此牢固，以致一個貴族氏族，即費邊氏族，得元老院的許可就能用自己的力量去討伐鄰近的維怡城。據說有三百零六個費邊人出征，盡爲伏兵所殺；只留下有一個男孩來延續了這個氏族。

我們已經說過，十個氏族構成一個胞族，胞族在這裏叫做庫里亞，它具有比希臘胞族更重要的社會職能。每一庫里亞都有自己的宗教儀式、聖物和祭司；各祭司總合起來構成羅馬祭司團之一。十

[1] Lange L., Römische Alterthümer. Bd. I-III. Berlin, 1856-1871.——編者註。

個庫里亞構成一個部落，而部落則像其餘的拉丁部落一樣，起初大概有它自己的選舉的首長——軍事首長和最高祭司。所有三個部落合在一起，構成羅馬人民，卽 populus romanus。

這樣，只有那是氏族成員，並且通過自己氏族而爲『庫里亞』和部落成員的人，才能屬於羅馬人民。羅馬人民最初的社會制度是這樣的。公共事務起初由元老院處理，而元老院是——如尼布爾首次正確指出說——由三百個氏族的族長所組成；正因爲如此，他們作爲氏族首長被稱爲父親（patres），而他們綜合起來則被稱爲元老院（首長議事會，由 senex ——長者一詞而來）。氏族首長始終從每個氏族的同一家庭中選出的這種習俗，在這裏也造成了最初的氏族顯貴；這些家庭被稱爲貴族，並且它們企求取得加入元老院的專有權和充任其他一切官職的權利。至於人民日後已容忍了這種企求，而這種企求終於變成了實際的權利，那末這個事實是在關於羅繆拉斯給最初的元老院議員及其子孫賜以貴族身分和貴族特權的傳說中得到了說明的。元老院，像雅典議事會（bulê）一樣，在許多事項方面有決定權，並且預先討論其中最重大的事項，尤其是新的法律。新的法律最後由叫做 comitia curiata（庫里亞大會）的人民大會通過。人民大會開會時按庫里亞分組，而在每個庫里亞內大概又按氏族分組，在解決問題時三十個庫里亞各有一票表決權。庫里亞大會通過或否決一切法律，選舉包括 rex（所謂皇王）在內的一切高級官吏，宣佈戰爭（但媾和權限屬於元老院），並且以最高司法機關資格，在事關判處羅馬公民死刑的一切場合，按各方面的控訴作出最後的決定。最後，除元老院和人民大會外，尙有一個 rex，他完全相當於希臘的軍事首長，但決不如蒙森所描述那樣幾乎是專制皇王[1]。他也是軍事首長，最高祭司和若干

[1] 拉丁語的 rex，與克勒特愛爾蘭語的 righ（部落長）及哥特語的 reiks相同。Reiks 一語，起初也像我們的 Fürst（恰與英語的 first 和丹麥語的 förste 相當，意卽『第一』）一樣，是表示氏族首長或部落首長，這由哥特人在第四

審判中的審判長。除了他作爲軍事首長的紀律權力以及他作爲法庭審判長的執行判決權力所涉及的範圍以外，他並未握有民政方面的職權，也並未握有支配公民生命、自由和財產的任何權力。Rex 的職位不是世襲的；相反，他起初大概是由其前任者的提議，經庫里亞大會選出，然後在第二次大會上莊嚴就職的。至於他也可以罷免，有驕傲皇塔克文尼阿斯的命運可作證明。

正如希臘人在英雄時代一樣，羅馬人在所謂皇王時代也有過是以氏族、胞族和部落爲基礎，並且是由它們中間發展起來的軍事民主制。誠然，各個庫里亞和各個部落有幾分是人工造成的，但它們是按照它們所由以發生並且四面圍繞着它們的那個社會自然長成的眞正模型造成的。誠然，自然發展起來的貴族已經獲得了牢固的立足點；誠然，皇王已在力謀逐漸擴張他們的權勢，但是這一切並未改變當時憲制的原有基本性質，而問題的全部本質也就在這裏。

同時，羅馬市以及靠征服擴展了的羅馬地區中的人口，日益增加起來了，部分是由於有新來的住戶，部分是由於有被征服各區主要是拉丁區中的居民。這一切新的臣民（關於被保護民的問題，這裏暫不論述）都是處於舊有氏族、庫里亞和部落以外，因而也不是 populus romanus 即原有羅馬人民的構成部分。他們在人格上是自由人，能佔有土地，應該納稅和服兵役。但是，他們不能担任任何官職，既不能參加庫里亞大會，也不能參與分割被征服的國有土地。他們是被剝奪了一切公權的平民（plebs）。由於他們人數日增，由於他們具有軍事訓練和武裝，他們成爲一種跟此時已緊閉門戶不容一切外來人加入的舊 populus 相對抗的可怕力量了。況

世紀對於後世國王即全民軍事首長已有特別名詞即 thiudans 的事實中就可看出。在烏爾費拉所翻譯的聖經中，從不把亞凱特爾克斯和伊洛德叫做 reiks，只是叫做 thiudans，把第別里厄斯皇帝的國家不叫做 reiki，而叫做 thiudinassus。在哥特族的 thiudans 這個名字或如我們不大準確譯成爲國王第烏達列克斯、第奧多里赫即季特里赫王這個名字中，這兩個名稱融合成爲一個了。（這是恩格斯加的附註）。

且土地似乎是差不多由 populus 和平民彼此平均分配，而商業和工業的財富（雖然還不大發達）又主要是握在平民手中。

由於羅馬全部神奇的上古史都被極端的黑暗所籠罩了，並且晚近那些受過法學教育的著作家又用一些唯理主義和實用主義性的解釋企圖和報導更把這種黑暗加濃了，而這些著作家的作品又是我們研究資料的來源，因而關於那把古代氏族制度結束了的革命發生的時間、進程和原因，都不可能有什麼確切的說明。只有一點是確實無疑的，卽革命所由發生的原因是在於平民和 populus 間的鬥爭。

據說是由塞爾維斯•土里皇制定和依據着希臘榜樣特別是梭倫榜樣的那個新憲法，創設了新的人民大會，能參加這個大會的不分 populus 和平民，只問是否服過兵役。凡應服兵役的全部男性人口，均按照財產狀況分為六個等級。前五個等級中每個等級的最低財產為：（一）一〇〇、〇〇〇阿司；（二）七五、〇〇〇阿司；（三）五〇、〇〇〇阿司；（四）二五、〇〇〇阿司；（五）一一、〇〇〇阿司；據都羅德拉馬爾說，這些數目大約相當於一四、〇〇〇，一〇、五〇〇，七、〇〇〇，三、六〇〇和一、五七〇馬克。第六等級為無產者，是由那些財產很少而免除兵役和租稅者所組成。在新的森都里亞人民大會（comitia centuriata）上，公民是按軍隊方式排列，每個森都里亞內組成的每一隊為一百人，而且每一森都里亞有一票表決權。不過，第一等級出八十個森都里亞，第二等級出二十二個，第三等級出二十個，第四等級出二十二個，第五等級出三十個，而第六等級為了體面也出一個。此外，從最富裕公民中來的騎士又出十八個森都里亞；合計一百九十三個森都里亞；多數為九十七票。但騎士和第一等級兩者合計已有九十八票，卽佔多數；只要他們一致，就是不徵得其餘等級的同意，決定也可通過。

以前庫里亞大會的一切政治權利（除了若干名義上的權利以外），現在都歸這個新的森都里亞大會了；因之，庫里亞和構成它們的各氏族就像在雅典一樣，降為純粹私人的和宗教的團體，並且作爲這樣的東西苟延殘喘了好久，而庫里亞大會不久就完全不存在了。爲了把三個舊的氏族部落也從國家中排除掉，便設立了四個區域部落，它們分別住在羅馬城的四個住區內，並有一系列政治權利。

這樣，在羅馬也是尚在廢止所謂皇權以前，以個人血統關係爲基礎的古代社會制度便被破壞了，代之而創立了一個新的，以地區劃分和財產差別爲基礎的眞正的國家制度。在這裏，公共權力是集中在須服兵役的公民手中，它不僅被用以反對奴隸，而且被用以反對不准服兵役和被剝奪武裝的所謂無產者。

在這個新制度的範圍內——至於簒竊眞正皇權的最後一個皇王即驕傲皇塔克文尼阿斯被驅逐，而皇權由兩個有同等權力的（如在易洛魁人那裏）軍事首長（執政者）代替的事實，不過是表明這個新制度得到了進一步的發展罷了，——在這個制度的範圍中演進了羅馬共和國的全部歷史：起初是貴族和平民彼此爭奪官職和國有土地使用權，後來是貴族終於溶化爲大土地所有者和金錢巨頭的新階級，這種大土地所有者和金錢巨頭逐漸吞沒了因兵役而遭受破產的農民們的土地，利用奴隸耕種了由此產生的巨量田產，把意大利弄得十室九空，從而不僅給帝國權力，並且給其繼承者的日耳曼野蠻人開闢了道路。

（七）克勒特人和日耳曼人的氏族

今日在各種不同的蒙昧部族和野蠻部族中間，還存在有或多或少純粹的氏族制度，在亞洲各開化部族的古代歷史上也有氏族制度的痕跡，但因限於篇幅，我們不能詳細說到了。這兩者到處都可以遇到。只須舉幾個例子來說說。在人們還不知道什麼是氏族的時候，那位曾比任何人都更努力去攪亂它的麥克林南，就證明了卡爾梅克人、切爾克斯人、蕞尼茨人（Samojeden）以及三個印度部族

——華拉耳人、馬格爾人和莫尼坡爾人——中間有氏族存在，並且已把它大體上正確地敍述過了。不久以前科瓦列夫斯基也發現了並記述了帕蕭胡人、赫福穌人、斯萬納特人以及其他高加索部落中間的氏族。在這裏，我們只把克勒特人和日耳曼人中有氏族存在的事實簡短說明一下。

留傳下來的克勒特人的最古法律，給我們表明了還是活力充沛的氏族；在愛爾蘭，當英吉利人已用暴力破壞了它以後，它迄今至少還本能地存在於人民意識中；在蘇格蘭，它在上世紀中葉還處於全盛時代，這裏它也只是由於有英吉利人的武器、立法和法庭才消滅了的。

在英國征服以前數世紀，至遲在十一世紀所制定的古代威爾斯法律，證明有整個村落共同耕作的情形，雖然它只是作爲一種早期普遍流行的習俗的稀有殘餘；每一家庭有供自己耕作的五英畝地；此外，另有一塊土地共同耕作，其收穫物互相分配。就跟愛爾蘭和蘇格蘭類似之點而論，這種村落公社無疑是一種氏族或氏族分支，即使對威爾斯法律的重新考查——我沒有時間去作（我的摘引是一八六九年的）——不會直接證實這一點。但是威爾斯以及愛爾蘭的材料，都直接證明，到十一世紀，克勒特人中的對偶婚還沒有被一夫一妻制所排除。在威爾斯，婚姻只有滿七年之後，才不可解除，或者更確切些說，才不可預告它的解除。甚至僅差三夜就滿七年，夫妻還是可以分離的。那時財產便要分開：由妻子劃分，任丈夫選擇一份。傢具是按一定的非常有趣的慣例來分的。如果由丈夫提出離婚時，那他須將妻子的妝奩及其他若干什物還給她；反之，如果由妻子提出離婚時，她便少得一點。如有三個子女，丈夫分兩個，妻子分一個，即中間的一個。妻子若在離婚之後重新結婚，而她的前夫重新要她回去時，即使她的一隻脚已經踏上新夫的床，也須順從前夫的要求。但若二人業已同居七年，即使以前並未正式結婚，他們也就成爲夫妻。在結婚以前，少女的貞操並不嚴格遵守，也不要求遵守；關於這一點的慣例，具有非常輕佻的性質，而且是與資產階級的道德完全不相適應的。婦女違犯夫婦的貞操時，丈夫可以毆打她（這是允許他這樣作的三種場合之一，在其餘場合打妻子是要受罰的），但他此外就無權要求其他的補償了，因爲『對於同一罪過可以或則要求贖罪，或則要求報復，但兩者不得兼行』。婦女可據以要求離婚而其權利在分配財產時不致受到絲毫損失的原因，是極其多樣的：只要丈夫嘴裏有臭氣就够了。付給部落長或國王的初夜權贖金（gobr merch，中世紀的 marcheta 這一名稱，法蘭西語的 marquette，就是由此來的），在法典上起着相當大的作用。婦女在人民大會上享有表决權。我們再補充一點，在愛爾蘭也已證明存在過類似的情況；在那裏，暫時性的婚姻也廣泛通行，在離婚時妻被保證有確切規定的很大的特權，甚至對她的家務工作亦可要求報酬；在那裏，還有『正妻』和其他妻子並存的現象，並且無論是婚生子女或非婚生子女，在分配遺產時都毫無差別。這樣，我們便看到了對偶婚的情景，跟這種對偶婚比較起來，北美現行的婚姻形式似乎是嚴格的，不過這在十一世紀對於那在愷撒時代還過着羣婚生活的人民，是不足爲奇的。

愛爾蘭氏族（即 sept，部落稱爲 clainne，克蘭）存在的事實是千眞萬確的，它不僅在古代法典中被記載過，並且由那些曾爲把部落領地改爲英王王室領地而被派到愛爾蘭去的英吉利十七世紀法學家記載過。直到那時，土地只要未被首領變爲私有，仍是部落或氏族的共同財產。當氏族某一成員死亡，從而有一戶經濟停止的時候，氏族長（英吉利法學家稱他爲 caput cognationis）便把全部土地重行分配給留下的各戶。這種土地的分配，大體上一定是依照德意志所行的慣例來進行的。即在今日，有些地方，還可以遇見屬於所謂朗得爾（rundale）制度的村田，在四五十年前，這種村田是很多的。在以前屬於氏族而後來被英吉利征服者所侵佔的土地上的農民，個體的佃戶，每人爲自己所租得的地段交納租金，但是他們把全部耕地和草地合併起來，按照地位和土質而分為地帶，或如摩塞爾河沿岸所稱的«Gewanne»，給每人由每一地帶中分給一份；沼地及牧場歸公共使用。在五十年前，重新分配土地依舊時常舉行，有時每年舉行。這種屬於朗得爾制度的村落的田界圖，看去極似摩塞爾河沿岸或霍華爾特的德意志人的那種農戶公社(Gehöfersschaft)。氏族也在«factions»[1]中繼續存在着。愛爾蘭的農民常常分成為幫夥，這種幫夥是以一些看來毫無意思或全然荒誕的差別為根據，它們為英吉利人所全不理解，並且除了彼此間進行心愛的盛大毆鬥以外，似乎別無任何目的。這是已被消滅的氏族的人工復活，是其後來的代替物，這個代替物獨特地證明了遺傳的氏族本能的活力。並且有些地方，同氏族人還一道住在他們舊有的地區內；比如在三十年代，摩那安郡絕大多數居民只有四個姓，換言之，即起源於四個氏族或克蘭[2]。

在蘇格蘭，氏族制度是隨着一七四五年起義被壓服而滅亡的。至於蘇格蘭的克蘭是這一制度的哪一環節，尙待研究，但它是這樣一個環節，則是無疑的。在瓦爾忒•司各脫的長篇小說中，我們可看到對於蘇格蘭山地的這種克蘭的生動描寫。摩爾根說，這種克蘭，『就其組織和精神來講，乃是氏族的很好標本，氏族生活支配

[1] 意卽『幫夥』。——編者註。

[2] 在愛爾蘭住了幾天，我重新生動地意識到該地鄉村居民還是如何深刻地在氏族時代的觀念中過着生活。農民向土地所有者租地耕種，土地佔有者在農民眼目中還儼然是一種為一般人利益而管理土地的氏族長；農民以租金方式向他納貢，但在困難時應得到他的幫助。該地並認為，一切殷實的人，當他的比較貧苦的鄰人有急需時，須給予幫助。這種幫助，並不是施捨，而是較富有的同族人或氏族長理應給予較貧苦的同族人的。經濟學家和法學家抱怨愛爾蘭農民不能接受現代資產階級財產概念，是可以理解的；只有權利而無義務的財產概念，簡直不能灌輸到愛爾蘭人的頭腦中去。當具有這樣天眞的氏族制度觀念的愛爾蘭人突然投身到英國或美國的大城市裏，落在一個道德觀念和法律觀念都全然不同的環境中，他們便在道德和法律問題上完全迷惑失措，失去任何立足點，並且往往大批成為傷風敗俗的犧牲品——這也是可以理解的。（這是恩格斯為第四版加的附註。）

氏族成員的顯著實例…從他們的爭鬥和血族復仇上，從地區按克蘭的劃分上，從他們的土地共同使用上，從克蘭成員對於首領和相互間的忠實上，我們都可以看到處處重新表現出來的氏族社會的特徵…血統是按父系計算的，故男子的子女仍留在克蘭以內，而婦女的子女則轉入他們父親的克蘭裏去』。至於在蘇格蘭從前盛行過母權制一點，那末據柏達講，皮克脫人的王室依照女系繼承這一事實已可作爲證明。甚至『普那路亞』家庭的遺跡，不僅在威爾斯人中間，而且在蘇格蘭人中間，曾以初夜權的形式一直保存到中世紀爲止，那時只要初夜權沒有贖過的話，克蘭的首領或國王便可以作爲以前共同丈夫的最後代表者，對於每個新娘享有這項權利。

* * *

日耳曼人，直至各族人民大遷徙爲止，曾組織成爲氏族，那是不可置疑的。他們大概只是在紀元前數世紀，才佔居了多瑙河、萊茵河、維斯拉河和北方諸海之間的一帶地域；辛布蘭人和條頓人還處在遷徙過程中，而蘇匯維人只是到愷撒時代才定居下來。關於蘇匯維人，愷撒確定地說他們分成氏族和親族集團（gentibus cognationibusque）定居各地。在尤利氏族（gens Julia）的一個羅馬人的口中，gentibus 這個詞有着完全確定不移的意義。這對於全體日耳曼人亦是如此；甚至在已經被征服的羅馬各省，他們似乎也分成氏族居住。從阿勒曼尼法典中可以證實，該部族按氏族（genealogiae）住在多瑙河以南的被征服的土地上。這裏使用的 genealogia 一詞，跟後來的馬爾克或鄉村公社的意義完全相同。不久以前，科瓦列夫斯基發表了一種見解，說這種 genealogiae 是一種很大的家庭公社，由它們彼此間分配過土地，而鄉村公社僅僅到後來才由這些家庭公社中發展起來。可見 fara 也是如此，——勃艮第安人、蘭哥巴德人，從而哥特部落和赫米諾尼安部落或高地德意志部落用 fara 所表示的意思，雖不是跟阿勒曼尼法典上的 genealogia 一詞完全相同，却也相差不多。這是否確實是氏族或家庭公社，還需要作進一步的研究。

一切日耳曼人是否有表示氏族的共通名稱，這一名稱又是什麼，關於這個問題，語言記錄並未給我們以肯定的答案。在語源上，哥特語的 kuni ，中期高地德意志語的 künne ，是跟希臘語的 genos ，拉丁語的 gens 相當的，而且是使用於相同的意義的。女性的名稱導源於同一詞根，如希臘語的 gyne，斯拉夫語的 žena，哥特語的 qvino ，古代斯堪的那維亞語的 kona ，kuna 等，——這事實表明曾經有過母權制時代。在蘭哥巴德人和勃良第安人中間，像剛才說過的，我們看到 fara 這個名詞，依據格里牧，它是從假定的詞根 fisan （生育）起源的。而依我的看法，它們是由一個更明顯的詞根 faran（乘行、遊牧、返回之意）起源的，其意思是表示着某一部分不用說只是由親族構成的遊牧民衆，即表示着這個名詞在起初往東，繼而往西的數百年漂泊期間，漸漸被應用來表示氏族本身了。其次，有哥特語的 sibja，盎格羅撒克遜語的 sib，古代高地德意志語的 sippia, sippa ，都是親族（Sippe）的意思。古代斯堪的那維亞語中，僅有 sifjar（親族）的複數；單數只是用作女神的名字 Sif 。最後，在喜爾得布蘭歌中另外還有一個說法，即喜爾得布蘭問哈杜布蘭道：『在人民的男子中間，誰是你的父親…，或你是哪一個氏族的？』(«eddo huêlîhhes cnuosles du sîs»)。如果說日耳曼人一般有表示氏族的共通名稱，那末恐怕就是哥特語的 kuni 了；這不僅因爲它與各近似語言的相應名詞一致，而且因爲最初表示氏族長或部落長的 kuning（國王），是從 kuni 這個字而來的。Sibja（親族）大概是不須加以注意的；至少，sifjar 在古代斯堪的那維亞語言中，不僅表示血統的親族，而且也表示婚姻的姻戚，即包括至少兩個氏族的成員；因此，sif 這一個詞不能表示氏族名稱。

像墨西哥人和希臘人一樣，日耳曼人的騎兵隊和楔形步兵縱隊，都是按氏族集團編制戰鬥行列的；如果塔次特說『按家庭和親族集團編制』，那麼他這個不確定的用語，就說明在塔次特的時代，氏族在羅馬早已不是活的團體了。

塔次特有一段文字具有決定的意義，他在那裏說：母親的兄弟把他的外甥看做他的兒子；有些人甚至認爲聯系舅父和外甥的血緣關係比父子之間的聯系更要神聖而且密切，所以當要求人質的時候，姊妹的兒子被認爲是比那受契約約束者自己的兒子還要更好的保證。在這裏，我們看到了母權制的，從而是原始的氏族的活生生殘餘，並且這被認爲是日耳曼人所獨有的東西特徵[1]。假使這種氏族的一個成員把自己的兒子作爲某一莊嚴義務的抵押品，而這個兒子成了父親違背契約的犧牲品，那末這只是父親本人的事情。但是假使姊妹的兒子成爲犧牲者的話，那末這就違反了最神聖的氏族的權利；孩子或青年的首先負有義務保護他的最近血緣親屬，便對於他的死負有責任；這個親屬或是不應把他作爲人質，或是必須履行契約。如果我們再不能發現日耳曼人氏族制度的其他任何痕跡，那末僅僅這一個地方也就夠了。

古代斯堪的那維亞的«Völuspâ»歌（即關於神們的薄暮和世界的滅亡之歌）中的一節，還有更帶決定性的意義，因爲它是八百年後的作品。在這個『女預言者的幻覺』中，如現在邦格和布革所證

[1] 起源於母權制時代並在許多部族中都可以看到的舅父和外甥間的特別密切的聯繫，希臘人只有從英雄時代的神話中才知道。據戴奧多羅斯（第四卷，第三四頁）說，麥勒格羅斯殺死忒斯蒂烏斯的兒子們，即他母親阿爾提亞的兄弟們。阿爾提亞認爲這種行爲是一種極大的罪行，竟詛咒兇手——她自己的兒子，而祈禱要他死亡。據說『神們答應了她的願望，結束了麥勒格羅斯的生命』。又據戴奧多羅斯（第四卷，第四四頁）說，希拉克勒率領下的阿哥遠遊船隊在色雷西上陸，在那裏發見了非內斯這個人，他聽了他的新妻子的教唆，而殘酷虐待他遺棄的前妻——波里阿特族的克來奧巴特拉所生的兩個兒子。但在阿哥遠遊船隊中間，也有波里阿特族的人，即克來奧巴特拉的兄弟們，也就是被虐待者的母親的兄弟們。他們立刻去保護他們的外甥，釋放他們，殺死看守者。（這是恩格斯加的附註。）

明的，也已夾有基督教的成分，其中在敍述大災難之前普遍墮落和道德衰敗的時代時說道：

Broedhr munu berjask ok at bönum verdask,
munu systrungar sifjum spilla.

『兄弟們將互相仇視和互相殺戮，姊妹的孩子們就要毀壞親族的聯盟了。』Systrungr 一詞是母親姊妹的兒子的意思，在這個詩人看來，姊妹的孩子們拒絕相互的血緣親族關係比兄弟互相殺害還要罪大惡極。這種情形表現在強調母方親族關係的 systrungar 一詞上；要是不用這詞而用 syskina-börn（兄弟和姊妹的孩子們）或 syskina-synir（兄弟和姊妹的兒子們），那末第二行對於第一行的語意就不是加強，而是減弱了。可見，甚至在產生«Völuspâ»一歌的海賊時代，在斯堪的那維亞關於母權制的回憶也還沒有消失。

但是，在塔次特時代，至少在他所最熟知的日耳曼人中間，母權制已讓位給父權制了；子女繼承父親；如無子女時，則由兄弟和伯叔或舅父繼承。容許母親的兄弟參加繼承這一事實，是與剛剛所說的習慣的保存有關係的，並證明日耳曼人的父權制在當時還是嶄新的東西。母權制的遺跡，我們甚至在中世紀後期也還可以發見。在那個時期，一般人，特別是農奴，似乎還不大信賴父親的血統；比如，在奥古斯堡、巴塞爾和凱撒斯勞騰，當領主向某城市要求收回逃亡的農奴的時候，被告的農奴身份，需要有六個最近的血緣親族，而且是只限於母方的，來宣誓證實。（摩烈爾，都市制度，第一卷[1] 第三八一頁。）

當時漸趨消亡的母權制，還有一個殘餘，即是在羅馬人看來幾乎是不可理解的日耳曼人對於女性的尊敬。跟日耳曼人締結契約時，貴族中的少女被認爲是最可靠的担保品；他們的妻女可能被俘而作奴隸的念頭，對於他們是很可怖的，在戰爭中最能鼓舞他們的决鬥

[1] Maurer G. L., Geschichte der Städteverfassung in Deutschland. Bd.I—IV. Erlangen, 1869—1871.——編者註。

勇氣；他們認爲女性是神聖而先知的東西；他們甚至在最重要的事情上也要考慮婦女的勸告；例如，立貝河畔布魯克忒人的巫女維萊達，曾是巴達維亞人起義的靈魂，在這次起義期間，塞委力斯領導日耳曼人和別爾吉人竟動搖了羅馬人在高盧的統治。在家庭以內，妻的統治權似乎是不可爭辯的；誠然，一切家庭工作都是放在她跟老人和小孩身上，丈夫只是打獵、飲酒或遊手好閑。塔次特是這樣說的；但因爲他沒有說明誰耕田種地，並且他確定地說，奴隸只納貢，不服任何勞役，所以很顯然，大量成年男子就必須要担負土地耕作所必需的少量工作了。

前面已經說過，婚姻形式是逐漸接近於一夫一妻制的對偶婚。這還不是嚴格的一夫一妻制，因爲還允許有權勢者一夫多妻。少女的貞操，一般說來，是嚴格遵守的（這與克勒特人相反），同樣，塔次特也特別熱情地說到日耳曼人的婚姻約束不可侵犯。他舉出只有妻子通姦才能作爲離婚的理由。不過，他的話在這裏留下了很多漏洞，而且這些話過份顯得是告誡淫蕩的羅馬人的美德龜鑑。有一點是不容置疑的：如果日耳曼人在其森林中曾是這種驚人的美德騎士的話，那末只要與外界稍一接觸，便足以使他們墮落到其餘一般歐洲人的水平了；道德嚴格性的最後痕跡，在羅馬世界中，竟比日耳曼語消失的還要快得多。只要讀一下都爾城主教格列高里所寫的作品，就可相信這點了。很明顯，在日耳曼人的原始森林中，不能有羅馬那樣驕奢淫逸的享樂生活，因此，在這方面，即使我們不給日耳曼人加上那種從未成爲任何整個民族通例的節慾行爲，他們也要比羅馬世界優越得多。

從氏族制度中產生了不僅要繼承父親或親族的友誼關係，而且要繼承其仇敵關係的義務；同樣，用以代替血族復仇的殺人贖金或傷人贖金制，也繼承下來了。這種贖金制，在上一世代還被認爲是日耳曼人所特有的制度，但如今它已在數百個部族中間確定爲起源於氏族制度的一般緩和血族復仇的形式了。順便說說，這種贖金制，也和款待客人的義務一樣，我們在美洲印第安人中間，亦可看到；塔次特對於款待客人的叙述（日耳曼，第二十一章），跟摩爾根關於印第安人款待客人情形的記載幾乎完全一致。

塔次特時代的日耳曼人是否已最後地分割了自己的耕地，以及那與此有關的幾段文字應如何解釋，關於這些問題的熱烈而無終局的論爭，如今已成過去了。既然早已證明幾乎一切民族中間都存在過由氏族，爾後是由據愷撒證言在蘇匯維人那裏有過的共產制家庭公社共同耕作制，後來這種制度是由土地分配於各個家庭並實行定期重行分配的制度代替了的，既然早已確定這種定期重行分配耕地的辦法在德意志本國有些地方是還保存到今日的，——既然如此，關於上述爭論也就甚至不值得提起了。如果從愷撒的叙述到塔次特的證言間的一百五十年中，日耳曼人已從共同耕作制，即從據愷撒肯定說在蘇匯維人那裏有過的共同耕作制（據他說，他們完全沒有被分割的或私有的耕地）過渡到了土地每年重行分配的個體耕作制，那末這確實是個很大的進步；在這樣一個短促的期間，沒有外來的任何干涉，要從共同耕作制過渡到土地完全私有，簡直是不可能的。因此，我在塔次特著作中只讀到他三言兩語說到的一點：他們每年更換（或重行分配）耕地一次，而且充分地留下空閑的共有土地。這是跟日耳曼人當時的氏族制度完全相適應的一種耕作和土地所有階段。

上面這一段，我仍照以前諸版保留下來，未加改變。在這個期間，問題已有了轉變。家長制的家庭公社乃是基於母權制的共產制家庭和近代孤立家庭之間的一個中間階段，它雖不是到處流行，但却流行很廣，自從科瓦列夫斯基（見前面第四四頁[1]）證明了這點以後，問題已經不再是從摩烈爾到外茲所提出的那樣——土地共有還是私有，現在的問題是關於土地共有的形式了。絲毫不庸置疑的，是在愷撒時代，蘇匯維人不僅有過土地共有，而且也有過

[1] 這個頁數係恩格斯就原書第四版而言。見本卷第二一六頁。——編者註。

收支相共的共同耕作。至於他們的經濟單位究竟是氏族還是家庭公社，或是介於兩者之間的某種共產制親族集團，或是依土地條件不同而所有三種集團都存在過，這些問題將來還會有長久的爭論。但科瓦列夫斯基肯定說，塔次特所描述的那種狀況不是以馬爾克或村落公社的存在爲前提，而是以家庭公社的存在爲前提；只是在很久以後，由於人口的增加，由後者中才發展出村落公社來。

根據這個觀點，日耳曼人在其尙受羅馬人統治時代所佔據以及後來從羅馬人那裏奪得的土地上形成的住區，不是由一些村落所組成，而是由包括若干世代的大家庭公社所組成，這種大家庭公社耕種着相當的地帶，並和各個鄰居共同使用四周的荒地，作爲一個共同的馬爾克。如果情形確實是如此的話，那末塔次特論及耕地更換的一節，就確實應當從農學的意義上去理解：公社每年改換一塊土地耕種，將上年的耕地休耕，或令其全然荒蕪。人口稀少的時候，總是有充分的空地，因此爭奪土地的糾紛是多餘的。只有經過數世紀之後，當家庭公社的人數增到當時生產條件下已不可能進行共同經營的時候，大家庭公社才解體了；那以前共有的耕地和草地，就按人所共知的方式由各個新形成的農戶實行分配——起初是暫時，後來已是永久實行分配，而森林、牧場及水源則依然爲公共。

這樣的發展進程，對於俄國，已被認爲是歷史上已完全證實了的。至於德國，乃至其餘日耳曼諸國，那末不可否認，這種推測在許多方面都比至今流行的見解，即比那把村落公社的存在追溯到塔次特時代的見解更容易詮釋資料，更容易解決困難。最古的文件，例如 Codex Laureshamensis[1]，一般說來，用家庭公社來解釋，就比用村落馬爾克公社來解釋要好的多。另一方面，這種解釋又造成了新的困難和引起了新的還需要解決的問題。在這裏只有新的研究才能達到最後的解決；但是，我不能否認，當作中間階段的家庭公社，在德國、斯堪的那維亞以及英國，大概也都曾有過。

[1] Codex Laureshamensis——洛赫城的地產簿。——編者註。

在愷撒時期，日耳曼人部分地剛定居下來，部分地尙在找尋經常居住的地方，但在塔次特時代，他們已有整整百年之久的定居生活了；因此，生活資料生產上的進步是無疑的了。他們住在木頭房子中，他們的衣服還是很簡陋的，還是林中居民的衣着：粗糙的羊毛外套和獸皮；婦女和貴人則穿麻布內服。食物爲乳、肉、野果，以及像普里尼所補充的燕麥粥（直到今日，這還是愛爾蘭和蘇格蘭的克勒特人的民族食物）。他們的財富是家畜，但是品種很壞：牛矮小難看，沒有角；馬是小駒，不善奔馳。貨幣使用得很稀少和數量有限，而且只使用羅馬貨幣。他們不製造金銀裝飾品，也不重視它。鉄是不多見的，至少在萊茵河和多瑙河流域諸部落中間似乎完全是靠輸入，不是自行開採的。魯納文字（模仿希臘和拉丁字母所造者）僅用作暗號，並且專供宗教巫術之用。以人作祭品的風俗還很盛行。一句話，我們在這裏所看到的是一種剛由野蠻期中級階段進到高級階段的人民。不過，在跟羅馬人直接接壤的諸部落中間，因輸入羅馬工業生產品極爲容易，金屬和紡織生產的獨立發展遭受了阻礙，而在東北部，在波羅的海沿岸諸部落中間，這種生產却無疑是很發達的。在什列斯威沼地所發現的武器——長的鉄劍、甲冑、銀盔等等——和第二世紀末期的羅馬鑄幣，以及由於各族人民大遷徙而傳遍各地的日耳曼金屬品，卽使它們起初是模仿着羅馬式樣，但都是十分發展和十分別緻的藝術品。向文明羅馬帝國的遷徙，使日耳曼各部落的這一生產部門，除了在英國以外，到處都完全告終了。至於這種生產是如何同樣地發生和發展起來的，可以拿青銅手鐲爲例來說明；在勃艮第、在羅馬尼亞、在亞速海沿岸所發現的青銅手鐲，可能是和英國的或瑞典的青銅手鐲出自同一個作坊，它們同樣無疑是由日耳曼起源的。

管理組織也跟野蠻期高級階段相適應着。據塔次特說，到處都會有過族長（principes）議事會來解決比較小的事情，而較爲重大的事情則準備好提交給人民大會去解決；在野蠻期低級階段上，至少在我們知道有人民大會的地方，例如在美洲人那裏，僅氏族才有人民大會，而部落或部落聯盟則沒有人民大會。族長和軍事首領（duces）還是完全像在易洛魁人那裏一樣，彼此有顯著的區別。族長已經部分地靠部落成員獻禮如家畜、穀物等來生活；他們——如在美洲一樣——大半是從同一家庭中選出；向父權制的過渡，如在希臘和羅馬一樣，使官職由選舉逐漸變爲世襲，從而促進了各氏族中顯貴家庭的發生。這種古代的所謂部落貴族，大多數在各族人民大遷徙中或在它以後不久便消滅了。軍事首領完全是按才能來選舉，與出身無關。他們的權限不大，須以自身的榜樣來影響別人；至於軍隊中的紀律權本身，塔次特確定說是握在術士們手裏。眞正的權力是集中在人民大會的手中。開會時，國王或部落長任主席；由人民作決定：以怨聲表示否決，以喝采、磨擦武器表示贊成。　人民大會同時也是審判法庭；一切控訴向這裏提出，在這裏解決，死刑也在這裏宣判，但只有對卑怯、反叛和反常的淫蕩罪才處死刑。在氏族及其他小分支中，也是大會全體在族長主持下進行審判，像在一切日耳曼人的原始審判中一樣，族長只能是訴訟的領導者和審問者；日耳曼人的判決，不拘何時何地，都是由全體來宣告。

部落聯盟從愷撒時代起就已組成了；其中有幾個已經有了國王；最高軍事首領，如在希臘人和羅馬人中間一樣，已經開始謀取專制的權力，有時也達到了目的。但這種僥倖的篡位者決不是絕對的統治者；不過他們已經開始粉碎氏族制度的枷鎖了。被釋放的奴隸一般地居於附庸的地位，因爲他們不能屬於任何氏族，但這些人作爲新王的寵幸者，往往獲得了很高的職位、財富和榮譽。羅馬帝國被征服以後，在成了大國國王的軍事首領那裏，也發生了同樣的情形。在法蘭克人中間，國王的奴隸和被釋放的奴隸，起初在宮庭裏，以後在國家中，都起了重要的作用；新的貴族大部分是由他們出身的。

有一種機構促進了國王權力的產生，這就是侍衞隊。我們已在美洲紅色人中間看到過，除氏族制度之外還建立有一種獨立担當作戰的私人團體。這種私人團體，在日耳曼人中間，已經成爲常設的團體了。博得了聲譽的軍事首領，集合一隊貪圖掠奪品的青年人在自己周圍，他們必須對他個人効忠，也像他必須對他們効忠一樣。首領養活他們，酬償他們，把他們劃成各種品級；對於小規模的出征，有護從隊和經常備戰部隊來担任；對於較大規模的出征，則設置有現成的軍官隊。不論這種侍衞隊必然是如何微弱，不論它們在事實上確實顯得如何微弱，例如後來在意大利的鄂多瓦那裏所表現的一樣，但是侍衞隊裏面已經包含有促使古代人民自由制衰敗的萌芽，並且它們在各族人民大遷徙時期和遷徙以後正是起了這樣的作用。因爲，第一，它們促進了王權的出現；第二，如塔次特所已經指出的，只有用經常戰爭和掠奪性襲擊的方法才能保持它們的組織。刼掠已成爲目的了。假使侍衞隊首領在附近地區無事可做的話，那末他就率領自己的隊伍到別的進行戰爭的部族那裏去參戰，以期獲得戰利品；那些由日耳曼部落組成而甚至對着日耳曼人大批打着羅馬旗幟作過戰的輔助軍，就是部分由這樣的侍衞隊所編成。日耳曼人的恥辱和罪孽——傭兵制度，在這裏已經初步形成了。在征服羅馬帝國以後，國王的這種侍衞兵，跟非自由人的和羅馬人的宮庭侍從一起，成了後來貴族階層的第二個主要組成部分。

這樣，一般說來在聯合爲各部族的日耳曼諸部落中，有過一種跟英雄時代的希臘人和所謂皇王時代的羅馬人相同的管理組織，卽人民大會，氏族首長議事會和力圖獲取眞正王權的軍事首領。這是氏族制度下一般所能達到的最發達的管理組織；這是野蠻期高級階段的模範管理組織。一旦社會越出這種組織能滿足自己使命的界限，氏族制度的末日就到了；它爆裂了，國家取而代之了。

（八）日耳曼人國家的形成

據塔次特說，日耳曼人是一個人口衆多的部族。我們從愷撒的著作中可得出一個關於各個日耳曼部族人數的大致概念：他確定住在萊茵河左岸的烏茲配特人和田克特爾人的人口，包括婦孺在內，共爲一八〇、〇〇〇人。從而，每個部族約有一〇〇、〇〇〇人左右[1]，這比譬如說易洛魁人在其全盛時代的總數還要多得多，那時易洛魁人的人口不到二〇、〇〇〇人，但已成爲自大湖至俄亥俄及頗陀麥克一帶地方的可怕的力量。假使我們根據我們所知道的材料，試在地圖上畫出萊茵河附近比較著名的諸部族的分佈情形，那末每個這樣的部族平均各佔約等於普魯士一個行政區域的面積，即約爲一〇、〇〇〇平方公里，或一八二平方地理學浬。但是，羅馬人的 Germania Magna[2]，直到維斯杜拉河爲止，擁有約五〇〇、〇〇〇平方公里。假定各個部族的平均人口爲一〇〇、〇〇〇人，那末全部大日耳曼的人口總數，當達五百萬。就野蠻的部族集團而言，這是一個相當大的數目，雖然就今日的條件說，一平方公里十人，或一平方地理學浬五五〇人，是異常微小的數目。但是這並不包括那時生存的全部日耳曼人。我們知道，沿喀爾巴阡山脈直至多瑙河口爲止，都住着日耳曼部族哥特部落的人——巴斯泰爾人、倍基尼安人等，它們的人數如此衆多，以致普里尼認爲它們是日耳曼人的第五個基本部落，這些在紀元前一八〇年已爲馬其頓王波爾西當過傭兵的部族，還在奧古斯特執政的初年，就已突進到亞得里雅那

---

[1] 這裏所舉的數字，有戴奧多羅斯（Diodorus）論及高盧的克勒特人的一段文字來證實。他說：『在高盧住着人口不等的許多部族。 其中最大者人數約達二〇〇、〇〇〇人，最小者約五〇、〇〇〇人』（Diodorus Siculus ,V, 25）。因此，平均起來則爲一二五、〇〇〇人；高盧的各別部族，由於它們的發展程度較高，所以一定比日耳曼部族較大。（這是恩格斯加的附註。）

[2] 意即『大日耳曼』。——編者註。

堡附近了。假使我們斷定它們的數目只是一百萬人，那末到紀元初，日耳曼人的數目大概至少有六百萬人了。

自他們住在日耳曼以後，人口一定以日益增長的速度增加起來；單是上述的生產發展方面的進步，就可以證明這一點。在什列斯威格沼地所發現的古物，就其中的羅馬鑄幣來判斷，是屬於第三世紀的。由此可知，到這個時候，波羅的海沿岸已有了很發達的金屬品和紡織品的生產，跟羅馬帝國已有繁盛的商務往來，而富有者已過着某種奢侈生活——這一切都是人口日益稠密的徵候。大約在這個時候，日耳曼人在萊茵河、羅馬邊陲和多瑙河，從北海起到黑海止，開始了全綫的總進攻，——這也是因人口愈益增多而力謀擴充其疆界的直接證據。鬥爭延長了三百年之久，在這個鬥爭期間，各哥特部族的一切基本部落（斯堪的那維亞的哥特人和勃艮第安人除外）都向東南推進，而形成了漫長的進攻綫的左翼，在該綫中央爲高地日耳曼人（赫爾明諾人），向多瑙河上游突進，而右翼爲易斯特伏尼安人卽現今所謂法蘭克人，向萊茵河突進；征服不列顛，就由印格伏尼安人承當了。到第五世紀末期，羅馬帝國已是那麼衰弱無力，毫無生氣，一籌莫展，於是給日耳曼人的入侵打開了道路。

上面我們是站在古代希臘和羅馬文明的搖籃旁邊。這裏我們却站在這一文明的墳墓旁邊了。羅馬世界統治的鉋子，曾在數百年間鉋削了地中海沿岸的一切國度。凡在希臘語言未予抵抗的地方，一切民族語言都讓位於被歪曲的拉丁語了；一切民族的差別都消滅了，高盧人、伊伯利安人、力究利安人、諾立克人都已不存在了，他們都變成羅馬人了。羅馬的行政和羅馬的法律，到處摧毀了古代的血族團體，同時也摧毁了地方和民族獨立的最後殘餘。新行的羅馬公民權對於這種損失並未提供任何補償；它沒有表現任何民族性，而只是民族性缺乏的表現。形成新民族的因素，到處都可以看到；各屬領的拉丁方言日益分歧了；曾經使意大利、高盧、西班牙、非洲成爲獨立區域的自然境界，依然存在，並且還有顯著的影響。但是任何地方也沒有具備能夠由這些因素造成新民族的力量；任何地方也還沒有發展能力以及抵抗力的痕跡，至於創造力就更不用說了。作爲廣袤領土上廣大民衆的唯一團結紐帶的，是羅馬國家，而這國家過了一些時候却變成廣大民衆的最兇惡的敵人和壓迫者了。各屬領把羅馬城消滅了：羅馬本身變成了一個地方性的都市，它已是跟其他都市一樣雖然享有特權，但是已經不再享有統治權，不再是世界帝國的中心，已經喪失了它爲皇帝及其總督們所在地的意義，因爲現在皇帝及其總督們已是住在君士旦丁堡、特里爾和米蘭了。羅馬國家變成了一架龐大的複雜機器，專用以搾取臣民的膏血了。稅捐、國家的差役及各種代役租，使人民大衆陷於日益窮困的深淵；總督、收稅吏和兵士的勒索威逼，更加強了這種壓迫，而使之變得不能忍受了。這就是羅馬國家及其世界覇權所引起的結果：它是把它的生存權利建築在對內維持秩序、對外防禦野蠻人的基礎之上的；然而它的秩序却比最亂無秩序還壞，它說是保護公民防禦野蠻人的，而公民却把野蠻人奉爲救星了。

社會狀況也同樣是絕望的。自共和制的末期起，羅馬的統治已經建築在對被征服諸屬領的殘酷剝削的基礎上面；帝國不但沒有取消這種剝削，反而把它變爲一種制度了。帝國愈趨沒落，則稅捐和差役愈增加，官吏的掠奪勒索愈無恥。商業和工業從未成爲統治各族人民的羅馬人的事情；只有在高利貸方面，他們做到了空前絕後。他們統治時曾經存在過的以及得以保存下來的商業，都因官吏的勒索而毀滅了；在帝國的東部，即希臘那部分，還有其保存下來的殘餘，不過，這一部分地方不在我們研究範圍之內。普遍的貧窮，商務的縮小，手工業和藝術的衰落，人口的減少，都市的衰落、農業退到較低的水平——羅馬世界覇權的最終結果就是這樣。

農業是整個古代世界的有決定意義的生產部門，現在它更加獲得了這樣的意義。在意大利，那從共和制末期起就幾乎遍佈全境的聯合大莊園（latifundia）有兩種利用方法：或者當作牧場，那裏居民被牛羊所代替，而看管牛羊僅用少數奴隸就行了；或者當作莊園，那裏靠大批奴隸從事大規模的園藝工作，——部分地爲了給領主生產奢侈品，部分地爲了在城市市場上出售。大牧場保存下來了，甚至擴大了；但莊園及其園藝，却隨着主人的貧窮和城市的荒涼而日趨衰落了。以奴隸勞動爲基礎的大莊園經濟，再也不能獲利了；然而在當時，它仍是大規模農業的唯一可能的形式。現在小農經營又成爲唯一有利的耕作形式了。莊園相繼分成各個小塊地產，分別租給繳納一定租金的世襲的佃農，或者租給分成制農民（partiarii），這種分成制農民只能得一年勞動生產品的六分之一或者僅九分之一，他們與其稱作佃農，無寧稱爲田地看管人。但這種小塊地產，主要是租給科洛尼佃農的，這些科洛尼佃農每年繳納一定的款項，緊繫在土地上，可與那塊地一同被出售；這種科洛尼佃農雖不是奴隸，但也不被看作是自由人，他們不能跟自由人通婚，他們相互間的婚姻並不被認爲是合法的，而只被看作像奴隸的婚姻一樣，是簡單的同居（contubernium）。他們是中世紀農奴的先驅。

古代的奴隸制已失去它的活力了。無論在大規模的農村經濟上，或在城市的工場手工業上，它都不能提供足以補償所耗勞動的收益了——因爲銷售它的生產品的市場已經消失了。帝國繁榮時代的龐大奴隸經濟生產已收縮爲小農業和小手工業，沒有收容大量奴隸的餘地了。只有管理富人家務及其奢侈生活的奴隸，在社會上還有存在的餘地。但是日趨滅亡的奴隸制，仍然還能使人認爲任何生產勞動都是自由的羅馬人所不屑爲的奴隸工作，而這時人人都是這種自由的羅馬人了。結果，一方面，因成爲累贅而被釋放的多餘奴隸數目，日益增加；他方面，科洛尼佃農和貧窮化的自由人（恰與美國從前蓄奴各州的 poor whites[1] 相似）數目，也日益加多。基督教對於古代奴隸制的逐漸滅亡，是完全不應負責的。它在羅馬帝國裏跟奴隸制和睦相處了好些個世紀，爾後又從沒有阻礙過基督教

[1] 意即『窮苦白人』。——編者註。

徒——無論北方日耳曼人或地中海威尼斯人——中間的奴隸貿易，也沒有阻止過後來的黑人貿易[1]。奴隸制已不再有益，因而消亡了。但是，垂死的奴隸制留下了它那有毒的刺，使自由人鄙視生產勞動。於是羅馬世界便陷入一種絕境：奴隸制在經濟上已經成為不可能的了，而自由人的勞動又是道德上受到輕視的。前者已不能再是社會生產的基本形式，而後者又還不能成為這種形式。只有根本的革命才能打破這種絕境。

各屬領方面的情況，也不見得較好。我們所有的材料，以關於高盧的為最多。這裏除了移民以外，還有自由的小農。為了免除官吏、審判官和高利貸者橫暴的侵害，他們往往委身於有權勢者的保護：不僅個別的農民這樣做，而且有整個公社這樣做，致使第四世紀的皇帝們屢次發佈命令來禁止這種行為。但是這對於尋求保護的人究竟有什麼好處呢？保護者對他們所提出的條件是：他們須把他們的土地所有權轉讓給保護者，而保護者則保證他們能終身使用這些土地。神聖的教會學取了這個詭計，並在第九和第十世紀拚命利用它來擴充了神的統治和他們自己的地產。誠然，約在四七五年時，馬賽的主教薩爾維亞努還忿然反對這種掠奪，並且說羅馬官吏和大土地所有者的壓迫已達到不可忍受的境地，以致許多『羅馬人』紛紛逃至野蠻人所佔領的地方，而移在那裏的羅馬公民最怕的是重新落在羅馬統治之下。至於當時父母們因為貧窮往往把自己的子女賣為奴隸，那末為禁止這種行為而頒布的法律就可作證明了。

日耳曼野蠻人既使羅馬人從他們自己的國家中解放出來，便強奪了他們全部土地的三分之二來互相分配，以作為報償。這一分配是依照氏族制度的方式進行的；由於征服者的人數比較不多，廣大的土地未被分配，部分地歸全體人民所有，部分地歸各個部落和氏族

[1] 據克利摩那的主教李烏特普蘭說，第十世紀在凡爾登，從而在神聖日耳曼帝國裏，主要產業部門是製造閹人輸到西班牙去供摩爾人的後宮之用，藉以獲取厚利。（這是恩格斯加的附註。）

所有。各個氏族用抽籤方法，將耕地和草地平均分給各戶；後來是否進行過重新分配，我們不得而知，但無論如何，這種辦法在羅馬諸屬領不久便停止採用了，個別份地變成了可以出讓的私有財產即allod了。森林和牧場是沒有分配而留歸公共使用的；這種森林和牧場的使用法以及已被分配土地的耕種方式，是由古代的習俗和全體公社的決定來調整的。氏族在自己的村落裏愈是住得長久，日耳曼人和羅馬人愈是逐漸融合起來，則血族性質的聯系就愈讓位於地域性質的聯系；氏族在馬爾克中消失下去，但是馬爾克起源於公社成員親屬關係的痕跡還往往是很顯著的。這樣，至少在保存有馬爾克的各地——在法蘭西北部，在英吉利，在德意志，在斯堪的那維亞——氏族組織不知不覺地變成了地域組織，這樣便弄得能夠跟國家相適應了。但是它仍保存了它那種天然形成而爲全部氏族制度所特有的民主性質，並且甚至在它後來被迫蛻變的時候，也還有其某些遺跡留存下來因而也就使在被壓迫者們手中留存了一個一直到現代還有用的武器。

這樣，如果說氏族中的血統關係很快就喪失了自己的意義，那末這就是氏族制度機關在部落和全體人民中間都因征服關係而蛻變了的後果。我們知道，對於被征服者的統治是跟氏族制度不相容的。在這裏，我們可以大規模地看到這一點。成爲羅馬各屬領主人的日耳曼各部族，是曾必須把他們的這種征服事業加以組織的。但是，他們既不能把大量羅馬人吸收到氏族組織來，又不能用氏族組織對羅馬人施行統治。於是必須設置一種新的權力，代替羅馬國家來領導起初大部分還繼續存在的羅馬地方行政機關，而只有另一種國家才能成爲這樣的權力。因此，氏族管理組織的機關便必定轉化爲國家機關了，並且爲時勢所迫很快就轉化爲國家機關了。不過，征服者部族的最切近的代表人是軍事首長。被征服地區對內對外的防衛，都要求增大軍事首長的權力。於是軍事首長的權力轉化爲國王權力的時機到來了，而這一轉化畢竟實現了。

就拿法蘭克王國來說。在這裏，勝利的薩利安法蘭克人民不僅完全佔有了廣大的羅馬的國家領土，而且佔領了未被大大小小的區域公社和馬爾克公社所分割的廣大地段，即全部較大的森林地區。從普通的最高軍事首長變成了眞正君主的法蘭克王的第一件事，便是把這種人民的財產變爲王室的財產，從人民方面把它盜竊來，以禮物方式或以恩賜方式分給他的侍衛隊。這種侍衛隊起初是由他個人的戰鬥侍衛兵及其餘的下級軍官組成的，但是不久這種侍衛隊中不僅補充了羅馬人，即羅馬化的高盧人，他們由於善於書寫、富有教養、熟悉羅馬口語、拉丁文語以及地方法律，對他很快就變得必不可少的了；其中還補充了奴隸、農奴以及被釋放的奴隸，他們構成他的廷臣，並且他從他們中間選取自己的寵愛者。最初大半是將民有地整塊整塊地賜給他們，後來是以本尼菲茨[1]的方式授給他們享用（起初大多數場合是一直到國王逝世時爲止），這樣，就靠犧牲人民而造成了新的貴族的基礎。

不僅如此。由於國家幅員廣濶，不能利用舊的氏族制度的工具來管理了；族長議事會，即使不老早消滅，也已不能召集，它不久就爲國王的固定親信所代替了；舊的人民大會爲了做樣子，還繼續存在着，但是也逐漸地變成了只是下級軍官和新興貴族的會議。正如共和制末期羅馬的農民一樣，構成法蘭克人大多數的握有土地的自由農民，也由於連年的混戰和征服戰爭，特别是查理大帝時代的征服戰爭而弄得極端疲憊和貧困了。這種起初構成全部軍隊，而在法蘭克國土被征服以後，又構成軍隊的基本核心的農民，到第九世紀之初，已窮困到五人之中僅有一人能夠出征了。以前由國王直接召集的自由農民自衛軍，今則由侍役人新興貴族中的侍役人員所組成的軍隊取而代之。在這些侍役人員中，還有一些附庸農民，他們的祖先原來是只知有國王而不知有其他主人，更早一點是根本不知

[1] 本尼菲茨（源於拉丁語 beneficium——酬賞）——法蘭克王的侍衛隊隊員作爲酬賞領得的地產。——編者註。

有任何主人，甚至也不知有國王的。在查理大帝繼承者執政時代，由於內部的戰爭，由於王權的衰弱和貴族（其中還加上了查理大帝所任命的那些力謀使自已職位成爲世襲的郡守）相應的跋扈，最後由於諾曼人的襲擊，法蘭克的農民等級便完全破產了。在查理大帝逝世五十年以後，法蘭克王國已軟弱無力地伏在諾曼人的脚下了，正如四百年前羅馬帝國伏在法蘭克人脚下一樣。

不僅外部衰弱無力，而且內部社會秩序(不如說是社會紊亂)，也差不多是這樣的。法蘭克自由農民所陷入的境地，跟他們的先驅者即羅馬科洛尼所陷入的境地相同。他們因戰爭和掠奪而破產，不得不乞求新興貴族或教會保護，因爲國王的權力太微弱，已不能保護他們了；但是這種保護使他們不得不付出很高的代價。像以前的高盧農民一樣，他們須將自己的土地所有權交給保護人，再以種種不同的條件——不過總不外是服役和納貢——把這塊土地向他租來；一經陷入這樣的隸屬境地，他們就逐漸地喪失了自己人格的自由；經過數代之後，他們大都變成了農奴。自由的農民等級是如何迅速消滅的，伊爾明隆所編的聖茄曼德勃勒修道院（當時位置在巴黎附近，現在位置在巴黎市內）地產記錄，可作爲證明。該修道院四周散佈的廣濶地產上，當查理大帝在世時，就住有二千七百八十八戶，差不多全是取日耳曼名字的法蘭克人。其中有二千零八十戶是科洛尼佃農，三十五戶是半自由農奴，二百二十戶是奴隸，只有八戶才是自由人！保護人迫使農民把自已的土地交歸他所有，然後他只是將該地租給農民終身使用，這個曾被薩爾維亞努宣告爲背神行爲的習慣，到這時到處被教會用於農民身上了。現在已日漸成爲習慣的勞役制的原型，一方面是羅馬的『安加利亞』，即爲國家的強制服役，另一方面是日耳曼的馬爾克公社成員爲修橋築路及其他共同目的的工役。這樣，經過了四百年以後，大多數人民似乎又回復自己的原狀了。

然而，這不過證明：第一，沒落時期羅馬帝國的社會分化和財產分配，是和當時農業及工業的生產水平完全適應的，從而，也是不可避免的；第二，這一生產水平在以後四百年間，下降不大，上升也不大，因而便以同樣的必然性重新產生了同樣的財產分配和同樣的居民階級。城市在羅馬帝國存在的最後數百年間，喪失了自己從前對鄉村的統治，而在日耳曼人統治的最初數百年間，也沒有恢復這一統治。這是以農業和工業發展程度很低爲前提的。這種一般的情勢必然地產生出具有權勢的大土地所有者和隸屬的小農民。要強使這種社會進行使用奴隸勞動的羅馬大莊園經營或使用勞役性勞動的新的大規模經營，其可能性是如何之少，可由查理大帝的大規模的然而幾乎沒有留下痕跡的著名皇室莊園的嘗試，來作證明。只有修道院繼續了這種嘗試，而且這種嘗試也只有在修道院進行時才是有效的； 但是修道院乃是以獨身生活爲基礎的非正常的社會組織；它們雖有例外的成績，然而正因爲如此，它們也只能仍然是例外而已。

然而在這四百年間，還是向前邁進了一步。假使我們在這一時期的末期遇見跟初期差不多同樣的主要階級，那麽構成這些階級的人却已經不同了。古代的奴隸制已經滅亡了；輕視勞動，視勞動爲奴隸賤事的赤貧的自由人也已經絕跡了。介於羅馬科洛尼佃農和新的農奴之間的是法蘭克的自由農民。那趨於滅亡的羅馬世界的『無益的回憶和徒勞的鬥爭』，已經死亡而且已經埋葬了。第九世紀的諸社會階級，不是在垂死文明的衰落環境中，而是在新文明誕生的陣痛中形成的。新的世代，無論是主人或是僕從，跟他們的羅馬的先驅者比較，已是大丈夫的世代了。有權勢的土地佔有者和隸屬於他們的農民之間的關係，這種在羅馬曾使得古代世界非滅亡不可的關係，現在已經成了新發展的起點了。其次，不論這四百年看起來是如何毫無結果，但却留下了一件重大的成果：近代的民族，即西歐人類對未來歷史的新的編制和劃分。日耳曼人確實重新使歐洲有了生氣，因此使得日耳曼時代發生的國家破壞過程歸於結束的，並不是諾曼—薩拉森人的征服，而是本尼菲茨和保護關係進一步發展爲封建制度，以及人口的巨大增加，致使不到兩百年時就能完好無恙地經受了十字軍征伐的大流血。

然而日耳曼人藉以給垂死的歐洲注入新的生命力的神祕魔術究竟是什麼呢？這是不是如我們的沙文主義歷史家所虛構的一種獨特的、爲日耳曼部落所固有的魔力呢？决不是。日耳曼人確係禀賦優厚的雅利安部落，尤其在當時正是處在元氣充分發展的階段。但是，使得歐洲返老還童的，並不是他們的特殊的民族特點，而不過是他們的野蠻時代，他們的氏族制度罷了。

他們的個人才能和勇敢，他們的自由愛好心和把一切公共事務視作自己事業的民主主義本能，——一句話，羅馬人已經喪失掉的這一切唯一能從羅馬世界泥污中組成新的國家和養成新的民族的品質，豈不正是高級階段野蠻人的特徵，豈不正是他們氏族制度的果實麽？

如果說日耳曼人改革了古代的一夫一妻制形式，緩和了男子在家庭中的統治，給了婦女一個比古典世界任何時期都更高的地位，那末除了他們的野蠻時代，除了他們的氏族習慣，除了他們由母權制時代保留下來的殘餘以外，還有什麽東西能使他們這樣做呢？

如果說他們至少在三個最重要的地方——德意志、北法蘭西和英吉利——終於救全了馬爾克公社形式的眞正氏族制度殘屑，並把它帶到封建國家裏來，從而保證被壓迫階級卽農民在最苛刻的中世紀農奴制條件下也能有地方性的團結和進行抵抗的手段，能有這種不論古代的奴隸或近代的無產者都沒有現成取得的東西，——那末這難道不正是由於他們曾處在野蠻時代，不正是完全由於他們那種爲野蠻時代所固有的氏族定居生活方式麽？

最後，如果說他們能把一種在他們故鄉裏已存在有的並且在羅馬帝國裏也日益由奴隸制轉變成的較柔和的隸屬形式發展到了普遍地位，能把這種正如傅立葉初次指出足以使被奴役者有辦法逐漸獲得其階級解放的隸屬形式（fournit aux cultivateurs des moyens d'affranchissement collectif et progressif），能把這種因此高出於奴隸制的隸屬形式（在奴隸制下，只可能有個別的人不經過渡狀態而立即被釋放——古代世界是不知有以勝利的起義來消滅奴隸制的，——而中世紀的農奴却是確實逐漸實現了他們作為階級的解放的）發展到了普遍地位，——那末這難道不是由於他們曾處在野蠻時代，因而他們既沒有使自己的這種隸屬形式達到充分發展的奴隸制，又沒有達到古代的勞動奴隸制，也沒有達到東方的家庭奴隸制麼？

凡日耳曼人給羅馬世界所注入的有生命力和有成效性的一切，都是野蠻時代的東西。眞的，只有野蠻人能夠使一個垂死文明的衰老世界返老還童起來。而在各族人民大遷徙之前，日耳曼人所達到了的野蠻期高級階段，正是最便利於這一過程的。這就說明了一切。

（九）野蠻和文明

我們已經根據希臘人、羅馬人和日耳曼人這三大實例探討了氏族制度的解體。最後，我們來研究一下那在野蠻期高級階段已開始破壞氏族社會組織，而在文明期出現時便將其完全消滅了的一般經濟條件。對於這種研究，馬克思的資本論是和摩爾根的古代社會同樣必要的。

氏族在蒙昧期中級階段發生後，在其高級階段繼續發展起來，就我們的資料來判斷，到了野蠻期低級階段，它便達到了全盛時代。現在我們就從這一階段開始講起吧。

這一階段應該以美洲紅種人為例，我們在這裏看到了已經充分發展的氏族制度。一個部落分為幾個氏族，最常見的是分為兩個：隨着人口的增加，這些原始的氏族又分裂為幾個女兒氏族，原始的氏族對於這些女兒氏族而言便是胞族；部族自身又分成幾個部落，

11—1004

在每個部落中，我們大半重又見到以前的各氏族；聯盟至少在個別場合包括有各近親部落。這種簡單的組織，是跟它從中發生的社會條件完全相適應的。它無非是一種天然長成的集團；它能解決那在這樣組織起來的社會內部所能發生的一切衝突。對外的衝突，則由戰爭來解決；這種戰爭可能以部落的消滅而告終，却決不能以它的被奴役而告終。氏族制度的偉大處和它的有限性，就表現於在這裏沒有統治和奴役的存在餘地。在氏族制度內部，還沒有權利和義務間的任何差別；參加公共事務，實行血族復仇或接受贖罪，是權利還是義務，這個問題對印第安人根本就不存在；這樣的問題在印第安人看來是荒謬的，正和吃飯、睡覺、打獵是權利還是義務這種問題一樣的荒誕。同樣，部落和氏族也不可能分爲各種不同的階級。這就使得我們對這種制度的經濟基礎不得不加以研究了。

人口極其稀少；只有在部落居住的地方才比較稠密些，在這居住地的周圍，首先是一個廣大的狩獵地帶，其次爲中立的防衞森林，它把這個部落和其他部落隔離開來。分工是純粹天然發生的；它僅存在於兩性之間。男子外出作戰、打獵、捕魚、獲取食料並製備爲此所必要的工具。婦女在家中工作，製作衣服和食物——烹調、紡織、縫級。他們各爲自己活動領域內的主人：男子是森林中的主人，婦女是家內的主人。每個人都是自己製造的和自己使用的工具的所有人：男子是武器、漁獵用具的所有者；婦女是傢具的所有者。家庭經濟是由數個家庭，往往是由許多家庭，依共產原則來經營的[1]。凡共同製作和使用的東西，都是公共財產：房屋，庭園，木舟。這樣，在這裏，而且也只有在這裏，才眞正存在着文明社會法學家和經濟學家所揑造的『自己勞動所得來的財產』——這是近代資本主義所有制還在倚恃的最後的虛假的法律根據。

[1] 特別是在美洲的西北沿岸——參看班克洛夫特的著作。在夏羅蒂后島上的亥達部落中間，一棟房子裏往往住着有包含七百人口的人家。在努特卡人中間，常是整個部落住在一棟房子裏。（這是恩格斯加的附註。）

但是，人們並不是到處都停止在這個階段上的。在亞洲，他們發現了可以馴養及往後可以在馴服狀態中繁殖的動物。野生的雌水牛，是須要獵取的；但是已經馴服的牛，每年可生一頭小牛，並且還可以擠乳。有些最先進的部落——雅利安人，塞姆人，也許乃至杜蘭人——起初是以馴養家畜，後來才以繁殖家畜和照料家畜爲他們的主要的勞動部門。遊牧部落從其餘的野蠻人中分化出來：這是頭一次大規模的社會分工。遊牧部落不但比其餘的野蠻人生產得較多，而且他們所生產的生活資料也是不同的。與其餘的野蠻人比較，他們不僅有遠爲更多的牛乳、乳製品和肉類等，並且有獸皮、羊毛、山羊毛和隨着原料增加而日益增長的紡織物。這樣就第一次使正常的交換有可能了。在更早的發展階段上，只可能有偶然的交換；製造武器和工具的特殊技能，可能引起暫時的分工。例如，在許多地方，曾經發現了無疑是製造石器時代末期石器的工場的遺跡；在這種工場內發展了自己技能的匠人，大概曾是依靠全公社而工作的，而印度氏族公社的終身手藝人現時也還是這樣作着。在這個發展階段上，交換只有在部落內部才能發生，而且是一種特殊罕有的現象。但是，自從遊牧部落分化出來以後，我們看到，各部落成員間的交換及其發展和鞏固成爲一種經常制度的一切條件都具備了。起初交換是在各個部落間由各氏族首長來進行的；當畜羣開始轉爲各自的財產的時候，各個個人間的交換便逐漸佔優勢，乃至成爲交換的唯一形式了。不過，遊牧部落用以與其鄰人交換的主要物品，乃是牲畜；牲畜成了一種一切商品藉以評價並且到處爲人們樂於交換的商品，——一句話，牲畜獲得了貨幣的職能，在這個階段上便已起着貨幣的作用了。自商品交換剛發生的時候起，對特殊商品即貨幣的要求，就如此必然而迅速地發展起來了。

園藝業大概是低級階段的亞洲野蠻人所沒有的，但它在那裏作爲農作業的先驅而出現，當不遲於中級階段。在杜蘭高原的氣候條件下，要是沒有供長久和嚴寒的冬季用的秣草貯藏，那末遊牧生活

11*

是不可能的；因此，牧草栽培和穀物種植，在這裏便是必要的條件了。黑海以北的草原，也是如此。但如果說穀物起初是作爲家畜飼料而種植，那末它很快便成爲人類的食物了。耕地還是部落的財產，最初是交給氏族使用，後來又交給家庭公社使用，末了更交給個人使用了；他們對耕地或許有若干佔有權，但也只限於這個權利而已。

在這一階段上，工業活動方面的成就中，特別重要的有兩種：第一是織布機；第二是礦石的熔煉和金屬的加工。銅、錫以及由這兩者熔煉成的青銅，都是最重要的金屬；青銅可造有用的工具和武器，但是還不能完全代替石器；這只有鐵才能作到，而當時還不會採鐵。金銀已開始用於裝飾和珍藏，大概已比銅和青銅更貴重了。

一切部門——牧畜、農業、家庭手工業——生產的增加，使人的勞動力可以生產超過維持勞動力所必需的生產品。同時，這增加了氏族、家庭公社或各個家庭的每個成員所負担的每日的勞動量。吸收新的勞動力，成爲有益的事情了。戰爭供給了新的勞動力：開始把俘虜變爲奴隸了。最初的大規模的社會分工，隨着勞動生產率的增加，從而隨着財富的增加，以及隨着生產活動場所的擴大，在特定的歷史條件的總和之下，必然地引起了奴隸制。從最初的大規模的社會分工中，產生了社會的最初的大分裂，分成爲兩大階級：即主人和奴隸，剝削者和被剝削者。

至於畜羣怎樣而且在什麽時候從部落或氏族的共有變爲各個家庭家長的私有，我們至今還不得而知。不過，基本上，這一過渡一定是在這個階段上發生的。而隨着畜羣及其他新的財富的出現，在家庭裏面便發生了革命。謀生總是男子的事情，謀生的工具是由男性製造的，因而成了他的財產。畜羣是新的謀生工具；畜羣的最初馴養及以後對它的照管都是男性的事情。因此，牲畜是屬於男性的；用牲畜換來的商品和奴隸，也是屬於男性了。如今生產所得的全部剩餘，都歸男子了；婦女參加它的消費，但在財產中沒有她們的份兒。『野蠻的』武士和獵人，滿足於在家中次於婦女的地位，但『比較溫柔的』牧人，却自恃其財富，躍居首位，而把婦女排擠到第二位了。而婦女是無以抱怨的。家中的分工，成了男女之間分配財產的根據；這一分工仍和以前一樣，可是現在只是因爲家庭以外的分工已經不同，而把以前所存在的家庭關係完全顛倒過來了。以前保證婦女在家中佔統治地位的同一原因——婦女的勞動只限於家庭工作，——現在却確立了男子在家中的統治地位；婦女的家庭工作，現在跟男子謀生的勞動比較起來，失掉了它的意義；男性的勞動至高無上，而婦女的工作則只是微不足道的附屬品。在這裏我們就已看到，只要婦女被摒棄在社會的生產勞動以外而只限於家中私人勞動，那末婦女的解放，婦女跟男子的平等，便是不可能的。婦女的解放，只有在婦女可以大量地、社會規模地參加生產，而家庭工作僅佔有她們很少工夫的時候，才有可能。這只有在現代大工業下才可以辦到，現代大工業不但允許大規模的婦女勞動，而且直接要求婦女勞動，並且它日益設法使家庭的私人勞動也變爲社會的生產了。

男子在家中的實際統治權一確立之後，對於男性獨裁的最後障礙物便崩潰了。這種獨裁，由於母權制顛覆下去，父權制確立起來，對偶婚逐漸變爲一夫一妻制，就更加確定和永久化了。而這就在古代的氏族制度中造成了一個漏洞：各個家庭已成了一種跟氏族相對抗的力量，而且是一種可怕的力量了。

下一步把我們引向野蠻期高級階段，一切開化部族都是在這個時期經歷了自己的英雄時代即經歷了使用鐵劍，亦即使用鐵犁和鐵斧時代的。這時已經有鐵來爲人類服務了，它是在歷史上起了革命作用的各種原料當中的最後者（直到馬鈴薯的出現爲止）和最重要者。鐵使人有可能在廣大面積上進行耕作，把廣濶的森林地域開墾成爲耕地；它所給予手工業者的工具，其堅牢而銳利程度是無論什麽石頭或當時所有的任何金屬都不能與之匹敵的。所有這些都不是一下子達到的；最初的鉄往往比青銅還要軟些。所以，石器只是慢慢地消失下去；不僅在喜爾得布蘭歌中，而且在一○六六年哈斯丁斯附近戰役中，還都使用石斧。但是，進步現在已是來得不可抑制、更少間斷和更加急速了。以石牆、城樓和雉堞圍繞着石造或磚造房屋的城市，已經成了部落或部落聯盟的中心地，——這是建築藝術方面的巨大進步，同時也是危險和防衛需要增加的徵候。財富很快地增加起來，但這是個人的財富；製品的多樣性和製作藝術，在紡織業、金屬製造業以及其他一切彼此愈益分離的手工業中，日益顯著地發展起來；農業現在除了穀物、豆科植物和果實以外，也開始供給油和葡萄酒了，這些東西都已經學會製造了。這麼多樣的活動，已經不能由同一個人來執行了；於是發生了第二次大分工——手工業跟農業分離了。生產以及勞動生產率的不停止的增長，提高了人的勞動力的價值；在前一個發展階段上剛才發生並且曾是偶然現象的奴隸制，如今已成爲社會體系的一個重要的構成部分了；奴隸們不再是簡單的助手了；如今已把他們大批地驅到田野中和工場中去工作。隨着生產分爲農業和手工業兩大主要部門，便發生了直接以交換爲目的的生產，即商品生產，隨後又不僅發生了部落內部及其境界上的貿易，而且也發生了海外貿易。然而，所有這一切都還處在極不發達的狀態中；貴金屬開始成爲佔優勢的和普遍性的貨幣商品，但是還沒有鑄造貨幣，只是簡單地按重量交換罷了。

隨着自由人和奴隸間的差別出現的是富者和貧者間的差別；隨着新的勞動分工出現的是新的社會階級劃分。各戶家長間的財產上的差別，到處都把當地還保存着的舊有共產制家庭公社打破了；隨着共產制家庭公社的消滅，由這公社所進行的共同耕作制也消滅了。耕地分配給各個家庭使用——起初是暫時的，後來便成爲永久的；向完全私有制的轉變，是逐漸地並且是同對偶婚進到一夫一妻制平行發生的。單個家庭成爲社會的經濟單位了。

人口密度的日益增加，使得人們對內對外都要更密切地團結起來，於是各近親部落的聯盟到處都成爲必要的了，接着各近親部落的融合，從而各別部落領土融合爲一個全部族的共同領土，也都成爲必要的了。全部族的軍事首領——rex, basileus, thiudans——也成爲必要的常設官職了。人民大會在還沒有過它的地方出現了。軍事首長、議事會和人民大會構成爲由氏族制度中發展起來的軍事民主制的各個機關。其所以稱爲軍事民主制，是因爲戰爭和進行戰爭的組織現在已成爲人民生活的正常職能了。隣人的財富刺激了各部族的貪慾，獲得財富已成爲他們最重要的生活目的之一了。他們是野蠻人：掠奪在他們看來是比創造的勞動更容易甚至更榮譽的事情。以前他們進行戰爭，僅僅爲的報復侵犯，或者爲的擴大已不敷用的領土，現在進行戰爭只是爲的掠奪，戰爭成爲經常的職業了。所以，新的設防城市的周圍都聳立有高峻的牆壁：它們的廣濶的濠溝成爲氏族制度的墳墓，而它們的城樓已經聳入文明時代了。社會內部也發生了同樣的情形。掠奪戰爭加強了最高軍事首長以及下級首領的權力；按習慣由同一家庭中選出他們的後繼者的辦法，漸漸地，特別是自父權制確立的時候起，轉爲世襲的權力了；這種權力起初是爲人們所容忍，其次是爲人們所要求，最後是人們所篡奪；世襲王權和世襲貴族的基礎從此奠定了。於是氏族制度的機關，就逐漸脫離其在人民中、在氏族中、在胞族及在部落中的根蒂，而整個氏族制度就轉化爲自己的對立物：它從自由調理本身事務的部落組織轉變成了掠奪和壓迫隣人的組織，從而它的各機關也由人民意志的工具變成了用以反對自己人民的獨立統治和壓迫機關。但是，若不是有財富貪慾把氏族成員分成了富者和貧者，若不是有『同一氏族內部的財產差別把氏族成員間的利益的共同性變成了對立性』（馬克思語），若不是由於流行的奴隸制使得用自己勞動獲取生存資料的行爲被認爲只有奴隸才配去做的一種比掠奪更可恥的活動，那末這種情形就決不會發生了。

* * *

現在我們就談到文明期的初頭了。它開始就是在分工方面達到了新的進步。在野蠻期低級階段上，人們只是直接爲了自身的消費而生產；間或發生的交換行爲是個別性的，只限於偶然留下的剩餘東西。在野蠻期中級階段，我們看到遊牧部族已有牲畜作爲財產，這種財產在包括有相當數量的畜羣時，就可以經常除了自身需要外還得到若干剩餘；同時，我們還看到遊牧部族和沒有畜羣的落後部落間的分工，從而看到兩個並列的不同的生產階段，也就是說，看到經常交換的條件。到了野蠻期高級階段，發生了農業和手工業間的進一步分工，同時發生了愈來愈多的直接用來交換的那部分勞動生產品的生產，這就使得各個生產者間的交換變成了社會的迫切需要。文明期鞏固了並加強了所有這些原先已經發生的分工形式，特別是由於城鄉對立狀態加劇的關係（或是如在古代那樣由城市在經濟上統治鄉村，或是如在中世紀那樣由鄉村在經濟上統治城市）；此外，還加上了第三種爲文明期所特有的具有決定意義的分工，即創造了一個不從事生產而只經營生產品交換的階級——商人。從前所有一切形成階級的趨勢，還都是單祇跟生產相聯繫的；它們把從事生產者分爲管理者和執行者，或者分成較大的和較小的生產者。這裏首次出現了一個階級，它絲毫不參與生產事業，但却整個地奪取了對生產的領導權，並在經濟上使生產者服從自己，它成了每兩個生產者間不可缺少的中間人，對雙方都進行剝削。在可使生產者免除其不免要因進行交換所受到的辛苦和危險，而他們生產品的銷路可能一直擴展到最遠的市場上去，因而所形成的階級似乎是個最有益居民階級的名義下，形成了一個寄生階級，十足社會寄生者階級，它爲報酬自己在事實上並不很大的一點貢獻，居然從國內和國外的生產上擠取油水，很快地獲得了巨量財富以及相應的社會勢力，正因爲如此，它在文明時期取得了愈益崇高的地位，愈益使一切生產都服從自己，直到最後它自己生產出自己的產物——週期的商業危機。

不過，在我們所考察的這個發展階段上，年輕的商人階級還絲毫沒有預感到它所面臨的偉大事業。但是，這個階級已在形成並且成爲必不可少的東西，而這就已經夠了。同時隨着它出現了金屬貨幣——鑄幣，隨着金屬貨幣而出現了不事生產的階級統治生產者及其生產的新手段。商品之商品被發現了，這種商品以隱蔽方式含有其他一切商品，是能隨意轉化爲任何隨心所欲的東西的魔法手段。誰握有了它，那誰就佔有生產的天下。可是誰首先握有了它呢？商人。貨幣的魔力牢靠地掌握在他的手中。他致力於向世人說明，一切商品，從而一切商品生產者，都該傾倒在貨幣之前。他在實踐上證明出，其他一切財富形式，在這種財富的體現面前都不過是一種假象而已。後來貨幣的權力從沒有像在它的這個青春時代一樣表現得如此原始的粗野和橫暴。在以貨幣買賣商品之後，接着就出現了金錢借貸，隨着金錢借貸就出現了利息和高利貸。後世的立法，沒有一個像古代雅典和羅馬的立法那麼無情而無可挽回地把債務者投到高利貸債權者的脚下去——而這兩種立法，都是完全在經濟強制的壓力下作爲習慣法自發產生出來的。

除了表現於商品和奴隸的財富以外，除了貨幣財富以外，現在又出現了土地財富。各個人佔有原來由氏族或部落給予他們的小塊土地的權利，現在已經如此牢固起來，以致這些小塊地也作爲世襲財產而屬於他們了。他們最近期間所最力圖達到的，正是要解脫氏族公社對這小塊地的所有權，因爲這種所有權對他們已成爲桎梏了。這種桎梏已經消失了，但新的土地所有權也是不久就消失了。對土地的完全而自由的所有權，不僅是意味着可以毫無阻礙和毫無限制地佔有它，而且是意味着可以把它出讓。當土地還是氏族的財產的時候，這種可能性是不存在的。而當新的土地佔有者澈底擺脫氏族和部落最高所有權桎梏的時候，他也就打破了以前使他跟土地不可分地聯繫在一起的束縛。這件事的意義何在，跟土地所有權同時發明出來的貨幣已給他說明了。土地如今已可以成爲能出賣和抵押的商品了。土地所有權剛一確立，抵押就被發現了（見關於雅典一節）。正如淫婚制和賣淫現象緊跟着一夫一妻制行走一樣，從此典當制也緊跟着土地所有權行走了。你曾希望有完全的、自由的、可以出讓的土地所有權，現在你來接受它好了：『這是你所想要得到的東西啊，喬治•但丁！』[1]

這樣，隨着商業的擴大，隨着貨幣和貨幣高利貸、土地所有權和典當制的發生，就迅速地發生了財富在一個人數很少的階級手中積累和集中起來，同時大衆貧窮化程度日益增長起來，貧民人數日益增加起來。新的財富貴族，只要他們自始不是跟舊的氏族貴族相一致，便把後者完全排擠到後面去（如在雅典，在羅馬，以及在日耳曼人那裏）。而隨着這種依照財富把自由人分成各階級的劃分，奴隸數目[2]，特別是在希臘，有了巨大的增加，奴隸們的強制勞動已成爲全社會的上層建築賴以建立的基礎了。

現在我們來看看，在這種社會變革下，氏族制度究竟怎麼樣了。它在未經它協助而成長起來的新要素面前，變得軟弱無力了。氏族制度存在的前提，是一個氏族或部落的成員在純係他們居住的同一領土上共同生活。這種情形早已停止了。氏族和部落到處雜居起來了，在自由民中間到處都雜居着奴隸、被保護民和異地人。僅在野蠻期中級階段末期才達到的定居生活，由於商業活動，職業改換及土地所有權轉讓等所造成的居住地的移動和不定，時常遭到破壞。氏族聯盟的成員已不可能聚會來解决自己的公共事務了；只有不重要的事情，例如宗教節慶，還可勉強地共同解决。除了氏族組

---

[1] 這句話引自莫利哀寫的喜劇喬治•但丁。——編者註。

[2] 雅典奴隸的數目，見前面第一一七頁。在科林斯城最盛時代竟達四六〇、〇〇〇人，在愛吉那，竟達四七〇、〇〇〇人，兩處的奴隸都十倍於自由居民的人數。（這是恩格斯加的附註。）——恩格斯所指的頁數是就第四版而言。本卷中見第二七〇頁。——編者註。

織應該並適於保證的需要和利益以外，因生產活動條件的變革及其所引起的社會結構的變化而發生了新的需要和利益，這種新的需要和利益不僅是和古代的氏族制度格格不入，而且是在各方面跟它對立的。由於分工而發生的手工業集團的利益，城市因與鄉村不同而產生的特殊需要，都要求建立新的機關；但是每一個這種集團，都是由不同的氏族、胞族和部落的人們所組成，甚至還包括異地人在內；因此，這種機關必須在氏族機構以外發生，跟它並列，從而是跟它相反的。——而在每個氏族組織中，又表現了利益的衝突，這種衝突在富有者和貧民、高利貸者和債務人結合在同一個氏族和同一個部落中的情況下達到最尖銳的地步。——此外，還有一批跟氏族集團無干而在國內可能成爲一種力量的新的居民，如在羅馬那樣，並且他們人數太多，不可能把他們逐漸收容到血緣親族的氏族和部落裏去。氏族團體已是作爲閉關自守的特權團體而跟這一批居民相對抗起來了；原始的自然長成的民主機構變成可憎的貴族機構了。——最後，氏族制度是從那沒有任何內部對抗的社會中長成的，而且是只適應於這種社會的。除了輿論以外，它沒有任何其他的強制手段。但是現在產生出來的社會，却由於自己的經濟生活條件而必得分裂爲自由人和奴隸，剝削他人的富有者和被他人剝削的貧民，這個社會不僅不能調和這種對抗，反而必定要使之更加尖銳起來。這樣的社會只有在這兩個階級相互間的連續不斷的公開鬥爭中或是在第三種力量的統治下，才能存在，而這第三種力量似乎站在相互鬥爭的各個階級上面，壓制着他們的公開衝突，至多也只容許在經濟方面，在所謂『合法』形式中進行階級鬥爭。氏族制度已經過時了。它爲分工及其後果——社會分裂爲各階級的事實——所爆破了。它爲國家所代替了。

* * *

我們在前邊已經分別地研究了國家在氏族制度的廢墟上發展起來的三種主要形式。雅典是最純粹最典型的形式：在這裏，國家是直接並且主要是從氏族社會自身內部發展起來的階級對抗中發生的。在羅馬，氏族社會變成了閉關自守的貴族，其周圍是只有義務而無權利的廣大平民；平民的勝利爆破了舊有氏族制度，並且在它的廢墟上面建立了國家，而氏族的貴族和平民不久便都在這個國家中完全消失了。最後，在戰勝了羅馬帝國的日耳曼人那裏，國家的發生是由於征服他人廣濶領土的直接結果，因爲氏族制度要統治這樣廣大的領土是沒有任何辦法的。不過，由於這種征服既沒有陪伴着反對原有居民的嚴重鬥爭，也沒有陪伴着更進一步的分工；由於各被征服部族和征服者的經濟發展水平差不多相同，從而社會的經濟基礎仍和以前一樣，所以，氏族制度還能以改變了的、地域性的馬爾克制度形式繼續存在了若干世紀，甚至在後來貴族氏族和名門氏族中，甚至在農民氏族中，例如在狄得馬生[1]以已經削弱的形式復興了一個時期。

由此可知，國家決不是從外面強迫加於社會的一個力量。國家也並非如黑格爾所斷定的是什麽『道德觀念的現實』或『理性的外形和現實』。國家是社會發展到一定階段上的產物；國家是社會陷入自身不可解決的矛盾中並分裂爲不可調和的對立方面而又無力擺脫這種對立情勢的表現。爲了使這些對立方面，這些彼此經濟利益衝突的階級，不致在無謂的鬥爭中互相消滅而使社會同歸於盡，於是一種表面上似乎駕於社會之上而用以緩和衝突，使這些衝突不致超出『秩序』範圍以外的力量，就成爲必需的了。這個由社會當中

[1] 對於氏族的本質至少有大致概念的頭一個歷史家，是尼布爾，而這乃是由於他熟悉狄得馬生氏族公社的緣故，同時他的錯誤也是直接由此而來的。（這是恩格斯加的附註。）

產生出來，但使自己駕於社會之上，而日益跟社會脫離的力量，便是國家。

國家跟舊氏族組織不同的第一個特徵，就是它按地域標準來劃分其管治下的公民。舊氏族聯盟是由於血統聯系而發生和維持的，像我們在前邊已經看到的，它們現在所以成爲無用的，大都是因爲它們的前提——氏族成員跟一定地域的聯系，早已斷絕了。地域雖然依舊，但人們已可遷移了。因此，地域的區劃便被作爲出發點，而讓公民能在他們居住的地方實現他們的社會權利和義務，不管他們屬於哪一氏族或哪一部落。這種按照居住地組織公民的辦法，是一切國家所通用的。所以，在我們看來這是個很自然的辦法；但是我們已經看到，當它尚未在雅典和羅馬代替舊氏族組織而確立起來之前，是曾需要進行多麽頑強而長久的鬥爭呵。

第二個特徵，就是公共權力的建立，這個公共權力已經和那自行組織爲一個武裝力量的居民不直接符合了。這個特殊的公共權力之所以必需，是因爲自從社會分裂成階級後，居民自動的武裝組織已經成爲不可能的了。奴隸也包括在居民成分以內：九〇、〇〇〇雅典公民，對三六五、〇〇〇奴隸說，只是構成一種特權階級。雅典民主的人民軍隊，是貴族反對奴隸的公共權力，它把奴隸控制在服從的地位；但是如前所述，爲了把公民也控制在服從的地位，警察就成爲必要的了。這個公共權力，在每一個國家裏都存在着；構成這個權力的，不僅有武裝隊伍，而且還有實體的附屬物，如監獄以及其他種種強迫機關，這些東西是氏族社會制度中所沒有過的。這個權力，在階級對立尚未發達的社會和僻遠的地區裏，可能是極其微小，幾乎不易覺察到的，如有時在美國某些地方所看到的那樣。公共權力是隨着國內階級矛盾尖銳化以及隣近國家增大和人口增加的程度而加強起來的。例如拿現今的歐洲來看吧，在這裏，階級鬥爭和侵略競爭已把公共權力激增到勢將吞食全社會以至全國家這樣的高度。

爲了維持這種公共權力，就需要公民繳納捐稅了。捐稅是氏族社會所完全沒有的。但是現在我們十分熟悉它了。 隨着文明的發展，甚至捐稅也不夠了；國家還發行期票、借債，即發行公債了。關於這點，古老的歐羅巴可以敍說不少東西。

官吏既掌握着公共權力和徵稅權，他們就成爲社會機關而駕於社會之上。從前人們對於氏族社會各機關的那種自由自願的敬意，即令他們可以獲取，也不能使他們滿足了；他們既是跟社會脫離這個權力的代表者，一定要藉助於特殊的法律來取得對自己的尊敬，因爲這種法律使他們成爲特別神聖而不可侵犯的了。文明國家裏一個最微末的警察，都擁有比氏族社會的全部機關更大的『權威』；可是甚至文明時代的最有勢力的王公和最偉大的國務活動家或統帥，都會要羨慕一個極平凡氏族首長所享有的那種不是用威迫手段獲得的和無可爭辯的尊敬。氏族首長處在社會以內，而前者却不得不企圖成爲一種立於社會以外和凌駕於社會之上的東西。

既然國家是由於必須控制階級對立性而產生出來的，既然它同時又是在這些階級衝突本身中產生出來的，那末它按通例說總是最強有力即在經濟上佔統治的這個階級的國家，而這個階級藉助於國家又成爲在政治上也佔統治的階級，並由此獲得鎮壓和剝削被壓迫階級的新工具。比如，古代的國家，首先就是奴隸所有者用以鎮壓奴隸的國家，封建的國家是貴族用以鎮壓農奴的機關，而現代的代議制的國家則是資本剝削僱傭勞動的工具。不過也有一些例外的時期，那時彼此鬥爭的階級達到這樣勢均力敵的狀態，使國家權力暫時得到對於這兩個階級的相當獨立性，成爲彷彿是這兩個階級之間的中介人。十七世紀和十八世紀的專制君主制就是如此，它使貴族階級和資產階級互相平衡起來；第一特別是第二法蘭西帝國的波拿巴制度也是如此，它唆使無產階級去反對資產階級，又唆使資產階級來反對無產階級。這方面的最新成就，即支配者和被支配者都一樣顯得滑稽可笑的場面，便是俾斯麥民族的新德意志帝國：在這裏，資本家和工人互相平衡，並且遭受同等的欺騙，爲的是要讓那班破落的普魯士外省容克感到方便。

此外，在歷史上的大多數國家裏面，給與公民的權利是跟他們的財產狀況相吻合的，這樣就直接地宣告國家乃是有產階級用來防禦貧窮階級以保護自己的組織。在依照財產把公民分成幾類的雅典和羅馬那裏，就已是如此的。在政治地位由佔有土地多寡來決定的中世紀封建國家裏面，也是如此。這也表現於現代代議制國家的選舉資格上面。但是對財產狀況差別的這種政治上的承認，決不是很重要的。相反，它是國家低級發展階段的特徵。國家的最高形式，民主共和國，即在我們現代社會條件下已愈益成爲一種不可避免的必然性，而無產階級和資產階級間最後決戰唯一可能賴以進行到底的國家形式——這個民主共和國在正式方面已不知道有什麽財產差別了。在這種民主共和國內，財富運用自己的權力是間接的，但因此也就更加可靠了，其方法一方面是直接收買官吏（美國就是典型的例子），另一方面是政府同交易所實行聯盟，這種聯盟是因公債愈益增長，因股份公司愈益把運輸以至生產本身都集中在自己掌握中，愈益把交易所變成自己的中心，而愈益容易實現的。除了美國以外，近代的法蘭西共和國，也是這種情形的顯著例證；甚至善良的瑞士，在這方面也盡了一分力量。不過，至於政府和交易所間的這種親密聯盟決不是非有民主共和國不可，那末除英國外，新德意志帝國也是可以證明的，那裏很難說普選制究竟是把誰抬得較高哩：究竟是把俾斯麥，還是把布來希勒德爾抬得更高哩。最後，有產階級是直接通過普選制來統治的。在被壓迫階級——在這裏就是無產階級——尙未成熟到能解放自身的時候，這個階級的大多數人仍將承認現存的社會制度爲唯一可能的制度，而在政治上作爲資本家階級的尾巴，構成它的極左翼。不過，隨着無產階級成熟到能進行自我解放的地步，它就成立自己的政黨，選舉自己的代表，而不是選舉資本家的代表了。普選制乃是工人階級成熟的標誌。在現今國家中，普選制是不能而且始終不會給出更多東西的；不過，僅此一點也就够了。在普選制寒暑表指出工人的沸點的那天，他們像資本家一樣，就會知道應該怎樣作了。

由此可知，國家不是自古就有的。曾經有過不必需要國家，而且根本就不知國家和國家政權爲何物的社會。在經濟發展到一定階段而必然使社會分裂爲各階級時，國家就因這種分裂而成爲必要的了。在我們現今正迅速走近的生產發展階段上，這些階級的存在不僅不復必要，而且還會成爲對於生產的直接障碍。階級將不可避免地歸於消逝，正如它們從前不可避免地產生了出來一樣。階級一經消逝，國家也就會不可避免地歸於消逝。以生產者自由平等聯合爲基礎按新方式來組織生產的社會，將會把全部國家機器送到那時是它所應份到的地方去：送到古物陳列舘裏去，跟紡紗車和青銅斧一併陳列起來。

* * *

這樣，依照以上所述，文明期乃是社會發展進程中的一個階段，在這個階段上，分工，由分工發生的各個人相互間的交換，以及把這兩個過程統一起來的商品生產，達到了全盛地步，造成了整個先前社會中的變革。

在所有先前各個社會發展階段上，生產在本質上是共同的；同樣，消費也是歸結於生產品在較大或較小的共產制公社內部的直接分配。這種生產的共同性是在極狹小的範圍以內實現的，但它所引起的是生產者對自己的生產過程及所製出的生產品的支配。生產者知道生產品的結局將是怎樣：他們把生產品消費掉，生產品不離開他們的掌握，當生產還在這個基礎上進行的時候，它便不能超過生產者本身，不能產生出一種跟生產者格格不入的奇異力量，像在文明時代通常和必然發生的那樣。

但是分工漸漸侵入這個生產過程。分工破壞生產和佔有的共同性，它使私人佔有成爲佔優勢的規則，同時產生出各個人相互間的交換，——這種情形如何發生，我們在前邊已經研究過了。商品生產漸漸地成爲統治的形式。

在商品生產下，卽在已不是爲了自己消費而是爲了交換的生產下，生產品必然要從一個人手中轉到另一個人手中。生產者在交換的時候交出自己的生產品；他已經不知道這個生產品的結局將是怎樣了。而當貨幣以及跟着貨幣到來的商人出而充當各個生產者間的中間人時，交換過程更加錯綜起來了，生產品的最終命運就變得更爲不定了。商人很多，其中沒有一人知道別人在做什麽。商品現在已經不僅從一個人手中轉到另一個人手中，並且是從一個市場轉到另一個市場上去；生產者完全喪失了支配本身生活條件生產的權力，但是這個權力並沒有落到商人手中。生產品和生產都任偶然性來擺佈了。

但偶然性不過是相互依存性的一端罷了，相互依存性的另一端則叫做必然性。 在似乎也是由偶然性支配着的自然界中，我們早已判明每一個別領域內部都存在有衝破這種偶然性的內在必然性和規律性。然而對自然有效的，對社會也是有效的。某一社會活動，或一整列社會過程，愈是越出受人們自覺控制的範圍，愈是越出受他們支配的範圍，這一活動愈是顯得完全由偶然性決定，它所固有的內在法則就愈是以天然的必然性突破這種偶然性。這種法則也支配着商品生產和商品交換方面的偶然性：它們作爲異己的、起初甚至是毫無所知而其本質尙待縝密研究和探討的力量，跟各個生產者和交換參加者相對立起來。這些商品生產經濟法則，在這個生產形式發展的各個不同階段上有所改變，但整個說來，全部文明時期都是在受這些法則支配的情況下經過的。卽在今日，生產品還在支配着生產者；卽在今日，整個社會生產還不是依照共同籌謀的計劃，而是由一些盲目法則來調節，由一些終歸是以自發力量表現於週期性商業危機的暴風雨中的法則來調節。

我們已經看到，在生產的較早發展階段上，人的勞動力能提供出大大超過維持生產者生活所需要的生產品，而這個發展階段基本上就是那個產生了分工和各個人間相互交換關係的階段。這時不經多久就發現了一個偉大的『眞理』：若把人變成奴隸，人也是可以成爲商品，人的勞動力也是可以交換和使用的。當人們剛一開始交換的時候，他們自身就成爲交換的對象了。主動體變成被動體了，不管人們願意與否。

自從那在文明期已達到最高發展程度的奴隸制出現時起，就發生了社會劃分爲剝削階級和被剝削階級的頭一次大分化。這個分化是在整個文明時期都繼續存在的。奴隸制是古代世界所固有的頭一個剝削形式；繼之而來的是中世紀的農奴制和近代的僱傭勞動制。這就是文明期三大時代所特有的三大奴役形式；公開的，而近來已僞裝起來的奴隸制，總是伴隨着文明期的。

文明期所由以開始的那個商品生產階段，在經濟方面有下列特徵：（一）金屬貨幣，從而貨幣資本、利息和高利貸的推行；（二）商人作爲各個生產者相互間的媒介階級的出現；（三）土地私有制和典當的發生；（四）奴隸勞動作爲主要生產形式的出現。跟文明相適應並隨着它而澈底確立自己統治地位的有新的家庭形式——一夫一妻制，男性對女性的統治，以及作爲社會經濟單位的單個家庭。充當文明社會公共聯繫力量的是國家，它在一切典型時期都單祇是統治階級的國家，它按實質說在一切場合都是壓制被壓迫被剝削階級的機器。能表徵文明期的還有如下一點：一方面是城鄉對立狀態被確定爲全部社會分工的基礎，另一方面是私有者能藉以在死後也處理其財產的遺囑制度的施行。這種制度是跟古代氏族制度直接衝突的，它在雅典一直到梭倫時代還是大家都不知道的；在羅馬，它早就施行了，但究竟是在什麼時候，我們不得而知[1]；在

[1] 拉薩爾著的既得權體系一書第二部，主要是以如下一個命題爲立論中心，即認爲羅馬的遺囑制是跟羅馬自身一樣古老的，認爲羅馬歷史上『從未有過無遺囑

日耳曼人中間，它是由神甫加以施行，目的是使虔誠的日耳曼人能毫無阻礙地將他的遺產遺留給教會。

在這個社會制度下，文明期作出了古代氏族社會絲毫還不能做到的事業。但它作出這些事業，是靠激起人們最卑劣的動機和慾望，並且不惜損害人們其他一切稟賦而發展這些動機和慾望辦到的。卑劣的貪慾是文明期自其第一日起直至今日的動力；發財致富，富上加富，——不是社會財富，而是這單個壞蛋分子發財致富，——這就是文明期的具有決定意義的唯一目的。如果說在這個社會內部，科學曾日益發展起來，藝術繁榮時期曾一再重現出來，那末這只是因爲現代財富積蓄方面的一切成果非如此就不能達到罷了。

既然文明期的基礎是一個階級剝削另一個階級，所以它的全部發展是在不斷的矛盾中進行的。生產方面的每一進步，同時就是被壓迫階級即絕大多數人生活狀況方面的一個退步。凡是對於某些人是一種福利的東西，對於另一些人就必然是一種災難，凡是對一個階級是一種解放的事情，對於別一個階級就是一種新壓迫。這裏最顯著的例證就是機器的採用，其後果現在已是衆所周知了。如果說在野蠻人那裏，如我們所說過的那樣，是很難把權利和義務區別開來的話，那末文明期却就使得一個極愚蠢的人也能明白看出權利和義務是彼此不同和互相對立的了，因爲它使一個階級幾乎獨享着一切權利，而另一個階級幾乎獨負着一切義務了。

但這並不是應該如此的。統治階級把自己跟全社會等同起來，所以凡對統治階級是好的一切，對全社會也應當是好的。因此，文

制的時代』，認爲遺囑制多半是在羅馬以前時期由崇拜死者的風俗中發生的。拉薩爾作爲一個正統的舊黑格爾主義者，不是從羅馬人的社會關係中，而是從意志的『思辨概念』中引伸出羅馬的法權條規，從而得出上述那個完全非歷史性的論斷。這在該書中是不足爲奇的，因爲該書根據同樣的思辨概念得出了一個結論，認爲在羅馬的繼承制中，財產的轉移只是次要的事情。拉薩爾不僅相信羅馬法學家的幻想，特別是其較早時期法學家的幻想，並且比他們走得更遠哩。（這是恩格斯加的附註）。

明愈向前發展，它就愈不得不以愛的外套來遮掩它所必然產生的惡劣現象，粉飾或者虛僞地否認這些現象，——一句話，一貫實行講些虛僞套語，這種套語是各原始社會形態以至文明期最初幾個階段所不知道的，而這種套語所達到的頂點便是硬說：剝削階級對被壓迫階級進行剝削完全是爲了被剝削階級自身的利益；如果後者不懂得這一點，甚至開始叛亂起來，那就是對恩人即對剝削者的一種最卑劣忘恩負義行爲了[1]。

現在就把摩爾根對文明期的斷語引來作爲結論：「隨着文明期的到來，財富的增長已是如此規模巨大，它的形式已是如此繁多，它的應用已是如此廣泛，而爲着所有者利益對它進行的管理又是如此巧妙，以致這種財富已經成爲一種跟人民相對抗的無法控制的力量了。人類的智慧已是在他自己的創作面前感到無能爲力和迷惘無着了。然而終究要到來一個時代，那時人類的理智必然健強到能支配財富的程度，那時它必將規定國家對受其保護的所有產的關係，並規定所有者權利的範圍。社會的利益無條件地高於各個私人的利益，所以在兩者間應該確立一種公正而和諧的關係。只要進步對於將來也如像它對於過去一樣是一種法則，那末對於財富的赤裸裸的追求就不是人類的終極目的了。從文明期開始以來所經過的時間，只是人類所度過的時間中微不足道的一部分，只是人類將要度過的時間中微不足道的一部分。我們勢必遭到的那種社會的滅亡，將是以財富爲其唯一終極目標的這一歷史活動場所的結束，因爲這樣的活動場所包含有招致自身滅亡的因素。行政管理上的民主，

[1] 我最初曾打算把散見於傅立葉著作中各處對文明的卓越批判言論一一列舉出來，以與摩爾根和我自己對於文明的批判言論對照一下。可惜，我沒有時間來這樣作。現在我只想指出，傅立葉已把一夫一妻制和土地所有權看作文明期的主要特徵，並把文明叫作富人對貧人進行的戰爭。同樣，我們看到，他對於單個家庭（les familles incohérentes）在所有矛盾百出的不完善社會裏面都是經濟單位這一點，已經有了很深刻的理解。（這是恩格斯加的附註。）

社會內部的博愛，權利的平等和普及的教育，將是現今經驗、理性和科學已在不斷爲之努力的社會未來更高階段的特徵。這個社會將是古代氏族自由、平等和博愛的復活，但却是較高形式上的復活。」（摩爾根著，古代社會，第五五二頁）。

由恩格斯在一八八四年三月至六月間寫成。一八八四年在蘇黎支初次印成單行本出版。

按照第四版本文刊印。原本係德文。